감성마케팅으로 성공하라

창업 전문가가 알려주는 성공 창업의 길

# 감성마케팅으로 성공하라 (개정증보판)

**초 판 1쇄 발행일** 2018년 03월 06일
**개정판 1쇄 발행일** 2025년 04월 21일

**지은이** 신은희
**펴낸이** 양옥매
**디자인** 표지혜
**마케팅** 송용호
**교 정** 이원희

**펴낸곳** 도서출판 책과나무
**출판등록** 제2012-000376
**주소** 서울특별시 마포구 방울내로 79 이노빌딩 302호
**대표전화** 02.372.1537 **팩스** 02.372.1538
**이메일** booknamu2007@naver.com
**홈페이지** www.booknamu.com
ISBN 979-11-6752-603-8 (03320)

\* 저작권법에 의해 보호를 받는 저작물이므로 저자와 출판사의 동의 없이
  내용의 일부를 인용하거나 발췌하는 것을 금합니다.
\* 파손된 책은 구입처에서 교환해 드립니다.

개정증보판

**창업 전문가가 알려주는 성공 창업의 길**

# 감성마케팅으로 성공하라

신은희 지음

감성마케팅으로 성공하라

[ 프롤로그 ]

## 성공적인 시장진출,
## 감성마케팅으로

"무엇으로 창업하고, 어떻게 성공할 것인가?"
"신상품개발의 마케팅 전략은 무엇인가?"
  이는 필자가 창업·경영현장에서 지난 20여 년간 가장 많이 해왔던 질문이다. '어떤 비즈니스모델을 가지고 있는지', '어떤 마케팅 전략을 수립했는지' 즉, '비즈니스모델'과 '마케팅'은 창업 성공률을 높이고 기업의 지속적 성장을 위한 핵심 요인이다. 그리고 두 핵심 요인의 중심에는 바로 '고객'이 있다. '어떤 문제를 가진 고객 세그먼트'를 타깃으로, '어떤 솔루션'을 '어떤 방법으로 제공'해 시장에 진출하고 매출을 증대시킬 것인지에 대해 명확하고 차별화된 전략이 성패를 가르는 기준이 된다.

아무리 좋은 아이디어로 새로운 기술을 개발하고, 훌륭한 제품을 만들어도 그것을 시장에서 제대로 어필하지 못하면 고객의 구매욕구를 자극하지 못하고 구매 결정 유도나 구매 행동을 일으킬 수 없으므로 결국 실패의 길을 걸을 수밖에 없다. 성공 가도로 진입하도록 이끄는 내비게이션 역할을 해줄 장치가 필요한데, 그것이 마케팅이다. 제품과 서비스에 가장 적절한 마케팅 콘셉트를 찾아내고, 효과적인 마케팅 전략으로 시장에 진출해야 가치 있는 상품으로서 생명력을 얻어 창업에 성공할 수 있다.

시장에서 제품을 구매하고 사용하는 주체는 고객이다. 그래서 마케팅은 처음부터 끝까지 '고객'에게 초점을 맞춰야 한다. 고객이 제품에 마음을 열고 구매한 후, 사용을 해야 비로소 상품 가치가 있기 때문에 기업은 고객을 중심에 둔 마케팅 전략을 수립하고 실행해야 한다. 여기에 제품이 R&D를 통한 기술 제품인가 단순 아이디어 상품인가, 또는 소비재인가 생산재인가, 그리고 중간재인가 완제품인가 등을 굳이 구분할 필요는 없다. 신상품을 기획, 개발, 생산해 시장진출과 매출을 통해 수익 창출을 원한다면 어느 산업 분야든 어느 제품이든 가릴 것 없이 모두 시장진출과 고객창출은 필연적이기 때문이다.

이러한 마케팅과정에서 제품이 지닌 이성적 특징을 감성적 방법으로 소통한다면 고객의 마음을 보다 쉽게 열 수 있으며 신뢰와 호감을 얻어 구매행동을 일으키는 데 효과적이다. 왜냐하면 사람의 인지행동은 이성과 감성이 서로 견제와 조화를 통해 이뤄지기 때문이다. 즉 사람의 뇌는 좌우로 나뉘어져 이성과 감성이 동시에 각각의 인지기능을 수반하면서도 '뇌들보'라는 연결 구조를 통해 서로의 정보를 주고받으며 효율적으로 사고하고 판단한다. 이처럼 사람은 이성과 감성의 상호작용에 의해 판단과 결정, 행동을 하게 된다.

그러나 안타깝게도 대부분의 제품들이 구조와 원리, 기능 등 이성적인 측면을 복잡하게 강조해 감성적인 측면에 소홀한 경우가 많다. 이는 기술 제품군에서 더 그렇다. 또 다른 경우는 감성적인 측면을 지나치게 강조해 오히려 제품에 대한 신뢰성을 낮추거나 제품의 정체성에 혼란을 주기도 한다. 이는 바람직하지 못한 마케팅 전략으로서 판로개척에 실패할 확률이 높다. 따라서 제품의 이성적인 측면을 명확히 강조하면서도 동시에 감성적인 측면으로 고객에게 소구할 때 설득력이 있으며 시장진입에 성공할 가능성이 더 커진다.

또 고객이 제품이나 서비스를 구매하고 사용하는 과정에서 이전보다 더 불편하거나 곤란한 경험을 하면 의미 있는 존재가 될 수 없다. 고객이 느끼는 문제를 발견하고, 불편함을 개선하며 그 문제해결 방법이 기존보다 더 쉽게, 더 새롭게, 더 편리하게, 더 유익하게,

더 아름답게, 더 즐겁게 다가가야 한다. 나아가 고객의 사양(仕樣)과 취향(趣向)에 맞게 선택할 기회를 주고, 고객이 만족하고 감동하게 해야 성공한다. 이 성공을 만들어 가는 모든 과정이 마케팅이다. 제품 설계나 제조 방법 등 제품 사양마저도 고객의 마음을 기울게 하는 고객 취향, 즉 기분, 정서, 느낌 등 고객의 감정에 어떻게 스며들게 할 것인가를 염두에 둬야 한다. 이와 같은 고객의 긍정적 감정 생성을 촉진하는 감성마케팅 전략은 성공적인 시장진출에 큰 힘이 된다. 사람이 감정을 만들고, 표출하는 특성인 '감성(Feeling)'은 이미 미래학자들이 21세기 경영의 필수조건으로 제시했던 세 가지 요소인 3F(Feeling, Fiction, Female) 중의 하나로 중요하게 여겨지고 있다.

따라서 필자는 이 책에서 제품의 이성적 요소와 감성적 요소를 조화롭게 할 마케팅 전략으로 판로개척과 시장진출, 고객창출과 매출 증대를 위한 '감성마케팅'의 다양한 비법과 다각도의 비책을 제시하고자 한다. 이 책의 초점은 사람, 고객에게 맞추어져 있다. 제품이 고객을 만나고, 고객의 선택을 받기 위해 호소력 있는 마케팅 전략을 시종일관 어떻게 펼쳐야 하는지에 대한 내용이다.

필자는 기업의 내부와 외부 고객 마케팅에 대한 연구와 교육, 컨설팅을 해오고 있다. 또 정부와 각 부처, 지자체의 창업지원기관과 수행기관에서 창업아이템 선정 및 기업 선정·성과평가위원으로 참여하고 있다. 예비창업자나 벤처스타트업, 스케일업이나 도약기업, 그리고 폐업이나 업종 전환, 재창업자 등 다양한 기업들을 만나왔다. 이렇게 오랫동안 현장에서 체험하며 축적해 온 지식과 경험에 대한 노하우를 이 책에 고스란히 담았다.

그러므로 이 책의 구성을 보면, 협의의 마케팅에 국한된 것이 아니라 창업 준비부터 기업 성장에 이르기까지 광의의 마케팅적 관점에서 필요한 개념들을 하나하나 단계적으로 구성했다. 시장성과 상품성 있는 제품과 비즈니스모델 개발을 위해 사업기획 단계부터 마케팅 개념을 어떻게 접목해야 하는지, 창업과정에서 필수적인 마케팅 계획 수립과 실행 방법을 누구나 알기 쉽게 정리했다. 따라서 필자의 창업 현장 노하우들을 창업자들이 각자의 상황에 맞게 적용한다면 성공 창업뿐 아니라 이를 위한 마케팅 전략 수립과 실행에 많은 도움이 될 것이다.

창업에 성공하고 지속가능한 기업 경영을 위한 기업가 정신의 재정립, 유망 창업 아이디어 발상과 성공 가능성이 높은 창업 아이템 발굴 및 비즈니스모델 개발, 이를 위한 필수적인 마케팅 전략에 대해 핵심적인 사항들과 성공 비법들을 제시해 두었다. 특히 고객창출을 위해 고객의 감성에 얼마나 인상적으로 다가가 흡수력 있게 소통해야 성공할 수 있는지를 살피고, 고객행동유형별 고객만족을 위한 맞춤형 소통방법으로서 필자의 비책들을 모아두었다. 이 책을 통해 독자들이 성공적인 창업을 꿈꾸고, 그 꿈이 현실이 되어 실제 창업에 성공하고 우리 사회와 경제에 기여하는 기업가로서 행복한 삶을 살아가는 경영자가 되길 바란다. 또한 강소기업, 중견기업으로 계속 성장 발전하기 위해 필요한 든든한 가이드이자, 힘이 되어 주는 멘토 같은 실용서로 적극 활용하길 소망한다.

창업과 경영 전문컨설턴트

경영학박사 신은희

**목차**

**프롤로그**

성공적인 시장진출, 감성마케팅으로　　　　　　　　　　005

# Part 1
# 창업, 살아남기 위한 생존 비법

【1】 살아남는 기업이 강한 기업이다　　　　　　　　016
【2】 성공 창업, 기업가 정신으로 무장하라　　　　　　022
【3】 창업 기업의 생존, 소통에 달려있다　　　　　　　029
【4】 실패하는 창업에는 세 가지가 없다　　　　　　　036
【5】 혁신창업을 위한 창의적 아이디어 발굴　　　　　044
【6】 유행아이템 활용 & 유망아이템 선정　　　　　　051
【7】 사업기획, 그리고 사업계획서 작성 노하우　　　　059

## Part 2
## 마케팅, 차별화된 성공 비책

【1】 플러스 마케팅 vs 마이너스 마케팅　　　070

【2】 마케팅 키워드, 시장 트렌드에 주목하라　　　076

【3】 신제품기획의 비책과 성공적인 그레이드 전략　　　084

【4】 판로개척 & 시장진출 세일즈 중점전략　　　091

【5】 고객창출 마케팅의 포지셔닝 핵심전략　　　098

【6】 차별화된 브랜드 마케팅 핵심 3요소　　　105

【7】 상권, 분석하지 말고, 랜드마크 창출하기　　　111

【8】 더 이상 폐업은 없다, 크리에이팅 점포마케팅　　　118

## Part 3
## 고객의 감정을 끌어당기는 감성마케팅

【1】 선택과 결정의 열쇠, 고객의 감정이 쥐고 있다　　　128

【2】 제품을 팔지 말고, 고객의 경험을 팔아라!　　　135

【3】 고객을 끌어당길 마케팅 혁신 ERRC 전략 기법　　　142

【4】 지속가능한 ESG전략과 감성마케팅의 만남　　　149

【5】 고객의 감성 자극과 감정을 사로잡는 힘　　　157

【6】 고객 감성을 증폭시키는 전략적 제휴 마케팅　　　164

【7】 고객의 감정을 읽어야 매출의 상승이 보인다　　　173

## Part 4
## 고객만족을 위한 소통전략 감성코칭

【1】고객행동 유형별 소통 패턴 특성 이해　　　　　　　184
【2】고객 접점의 고객행동 유형별 고객만족 소통전략　　194
【3】고객행동 유형별 불만 표출 특성과 대처 방법　　　　201
【4】불만 고객을 충성 고객으로 바꾸는 비법　　　　　　211
【5】화난 고객에게 해야 될 말 vs 해서는 안 되는 말　　　220
【6】고객의 감정에 제품의 가치를 어필하는 감성소통　　227
【7】고객의 구매 만족을 위한 감성코칭과 감성지능　　　234
【8】고객의 감정을 이끄는 공감과 설득의 대화 기법　　　241


### 에필로그

**고객은 행복하고 기업은 성장하고**　　　　　　　　　　251

EMOTIONAL

## Part 1

# 창업, 살아남기 위한
# 생존 비법

MARKETING

# 살아남는 기업이
# 강한 기업이다

: 지금 이 순간에도 어디선가, 또 누군가는 창업을 준비하고 있을 것이고, 이제 막 창업한 기업도 있을 것이다. 그런데 다양한 요인들이 복잡하게 얽혀 있는 창업 환경 속에서 생존해 간다는 것이 그리 만만치 않다. 도처에 위험 요소들이 도사리고 있으며, 넘어야 할 장애물이 끝없이 나타나 생명을 위협한다. 따라서 창업 후 살아남는 것만으로도 곧 경쟁력이 있다는 것을 의미하며, '살아남는 기업이 강한 기업'이라고 하겠다.

"창업하기가 쉬울까? 어려울까?"

이 물음에 대해 필자는 "창업하기는 쉽다. 그러나 살아남는 것은 어렵다."라고 대답한다. 국내의 창업 환경과 여건은 예전과는 비교도 할 수 없으리만큼 좋아졌다. 창업 준비를 위한 교육, 자금, 전문 컨설팅 등 정부 및 지자체의 셀 수 없이 많은 창업지원정책이 있고 수행기관과 관련 조직들도 어마어마하게 증가했다. 덕분에 어느 산업 분야나 업종을 가릴 것 없이 남녀노소 누구나 창업하려고 마음만 먹으면 큰 힘 들이지 않고 쉽게, 그것도 상당히 틀을 갖춘 기업으로 창업이 가능해졌다. 가벼운 아이디어 창업으로 시작하는 일반 창업부터 사업화 연계 기술개발(R&BD)을 통한 기술창업이나 벤처 스타트업은 물론이고, 규모의 경제가 필요한 제조업 등 다양한 창업지원 프로그램들이 마련되어 있다.

그런데 창업 기업의 생존율은 얼마나 될까? 안타깝게도 작든 크든 하루에도 수백 개의 창업 기업이 탄생하지만, 그 이상으로 폐업하는 것이 현실이다. 국내 창업 환경에서 기업의 생존율은 대략 평균적으로 볼 때 1년 후 60% 정도, 2~3년 이내에 40% 정도에 머문다. 5~7년에는 고작 20~30%에 지나지 않으며, 10년 이상 살아남는 기업이 겨우 10개 중 1개밖에 되지 않는다고 한다. 이렇게 성공보다 월등히 높은 확률로 실패에 맞닥뜨리는 창업 기업에는 성공적인 창업이 그야말로 사막이나 정글에서 살아남기보다 더 어렵게 여겨질 것이다.

이러한 현실을 좀 더 들여다보자. 중소벤처기업부의 '창업 기업 생존율 현황' 통계자료에 따르면, 국내 창업 기업의 5년 차 생존율은 33.8%로 OECD 평균인 45.4%보다 11.6%포인트 낮다고 한다. 이는 3곳 중 2곳은 폐업한다는 것으로서 국내 창업 기업의 5년 후 폐업률은 66.2%, 즉 10개 중 7개 가까이는 실패한다니 겨우 3개 정도 살아남는다는 얘기다. 물론 산업 분야별로 조금씩 다른 생존율을 보이고 있기는 하다. 업종별로 보면 평균 생존율보다 낮은 20%대를 보인 산업 분야로는 예술·스포츠·여가서비스업이 22.3%, 숙박·음식점업 22.8%, 사업지원서비스업 26.8%, 도·소매업 29.7% 정도로 심각하다. 또 30% 정도로 평균을 보이는 업종은 교육서비스업이 30.2%, 출판·영상·정보서비스업이 35.8%였으며, 다소 높게 나타난 업종분야는 제조업이 42.8%, 보건·사회복지서비스업이 55.4% 정도라고 한다.

지금 이 순간에도 어디선가, 또 누군가는 창업을 준비하고 있을 것이고, 이제 막 창업한 기업도 있을 것이다. 그런데 다양한 요인들이 복잡하게 얽혀 있는 창업 환경 속에서 생존해 간다는 것이 그리 만만치 않다. 도처에 위험 요소들이 도사리고 있으며, 넘어야 할 장애물이 끝없이 나타나 생명을 위협한다. 따라서 창업 후 살아남는 것만으로도 곧 경쟁력이 있다는 것을 의미하며, '살아남는 기업이 강한 기업'이라고 하겠다.

장기간 지속된 세계적 경기 불황은 점점 더 어려운 여건 속으로 빠져들고, 그럴수록 각국은 자국 우선주의 정책을 더욱 강화하고 있어 경제생태계는 마치 끝없는 늪을 만난 형국이다. 21세기에 들어와서는 2008년 미국에서 촉발된 글로벌 금융위기는 세계무역의 흐름과 기조를 바꾸는 변곡점으로 작용했다. 냉전시대 이후 지속되던 국제협력과 다자주의를 무너뜨리고 자국의 이익과 경제를 우선시하는 계기가 되었다. 세계 각국은 이전보다 더욱 강력하게 안보와 정치의 연계수단으로서 정책기조를 설계하고 산업정책과 경제 환경을 조성하게 되었다. 설상가상으로 2017년 미국의 트럼프정부 1기가 들어서면서 노골적으로 미국 우선주의를 선언하고, 급격히 성장하던 중국에 대한 압박정책과 직접적으로 제재를 가하기 시작하면서 세계 경제는 더욱 요동치는 급물살을 타게 되었다. 이미 내수시장을 넘어 수출입 무역 프레임 속에서 지속되어 온 글로벌 경제 환경은 이를 극복하기 위해 협력과 교류를 강화하는 듯하지만, 실제로는 극심한 경쟁과 자국 기업의 보호를 위한 경제정책을 펼쳐왔다. 특히 대미·대중, 양대 국가에 대한 수출경제 의존도가 매우 높고, 지정학적 약점까지 더해져 이중삼중으로 어려움을 겪어야 하는 우리나라의 경제 환경은 호재와 악재를 넘나들며 버텨내기 위해 안간힘을 쏟을 수밖에 없었다.

거기에 코로나 팬데믹으로 국가 경제의 위기를 극복하기 위해 우리나라뿐만 아니라 세계 경제의 주요 이슈들이 새롭게 등장하게 되었다. 또한 예측불허의 기후 재해로 인한 대규모의 재난과 동시다발적인 전쟁, 급격하게 발전한 AI는 산업 분야의 기반과 판도를 휘저으며 경제 환경과 경영 생태계를 어지럽게 만들고 있다. 여기에 다시 출발한 미국 트럼프 정부 2기의 미국 보호무역은 한발 더 나아가고 있다. 미국 팽창주의라 불릴 만큼 더욱 거세질 관세 부과, 국제 무역 시장 통제정책 등으로 뚜렷하게 세력화할 것이며 전쟁, 자연재해로 인한 원자재 수급 불안정에 따른 환율 변동 등의 대외 경제 환경에 둘러싸이게 되었다. 이러한 모든 것이 다 위협적으로 작용하지 않지만, 상당한 리스크임에 분명하다. 그러나 이러한 국내외 위기 상황 속에서도 반드시 탈출구는 있게 마련이고, 생존 방법이 없는 것은 아니다. 위협요인을 회피할 수 있는 명확한 상황인식과 강점을 살리고 약점을 보완할 기업 내외의 자원을 활용, 그리고 오히려 유리하게 작용할 새로운 기회 요인을 찾아 적용해 간다면 거뜬히 생존할 수 있다. 또한 지속가능한 성장과 발전을 거듭해 기업 경영을 안정적으로 이끌어나갈 수 있다.

이제 번뜩이는 아이디어, 남다른 기술력 하나만 있으면 좋은 상품을 만들어 시장진출에 성공할 것이라는 생각은 몹시 위험하다. 여유 있는 자금을 확보하고, 좋은 상권에 자리 잡았다거나 최신 생산시설을 갖춘 제조공장을 지었으니 문제없이 잘될 것이라는 착각도 버려야 한다. 또 판로개척과 고객창출로 매출이 오른다 해도 그 상태가 지속되어 계속 수익성이 좋아질 것이라고 믿고 안심해서는 안 된다. 우수 인력과 풍부한 자원을 확보하고, 남다른 사업 수완이 있다는 자신감이 오히려 위험을 초래할 수 있다. 혹시 이전의 다른 사업 경험에서 우수한 경영 능력이 있다고 해도 신사업이나 신상품 기획은 그와는 여러 측면에서 다른 상황에 놓일 수 있으므로 역시 과신하지 말아야 한다. 결과적으로 말하자면 모든 상황을 고려해 모든 측면을 끊임없이 분석하고 대처해 나가야 창업에 성공할 수 있다. 그리고 창업에 성공했다는 것은 결국 시장에서 고객이 선택하는 최종 상품이어야 하고, 지속적으로 매출 증대와 수익 창출이 이뤄진다는 것을 의미한다.

그렇다. 창업했다면 시장생태계에서 살아남아야 한다. 시장에서 살아남는 것이 곧 기업생존을 위한 경쟁력이 있음을 증명해 준다.

## 2

# 성공 창업,
# 기업가 정신으로 무장하라

: 주어진 환경에 만족하지 않고, 가로막힌 장애물에 굴하지 않으며, 더 좋은 세상, 더 나은 사회를 만들기 위해 창의적인 시도와 변화를 모색하며 혁신과 도전을 지속하는 것, 그것이 바로 기업가 정신이다. 변화하는 시장 상황에 빠르게 대응하는 민첩성과 대응 능력으로 새로운 제품과 서비스, 새로운 비즈니스모델의 도입으로 혁신하는 경쟁력은 기업가 정신에 바탕을 둔 것이다.

"왜 창업하려고 하는가?"

"창업에 도전하려는 이유가 무엇인가?"

"창업에 성공하기 위해 어떠한 전략이 있는가?"

"어떠한 위기상황이 닥치더라도 이를 극복하고 끝까지 견뎌낼 방법이 있는가?"

등에 자신 있게 대답할 수 있는가? 성공 창업을 꿈꾼다면 위의 몇 가지 질문에 대해 객관적이고 구체적으로 명확한 답을 할 수 있어야 한다. 그리고 이 질문에 대한 답변을 종합해 보면 창업자의 기업가 정신(Entrepreneurship)이 얼마나 정립되어 있고, 기업 경영에 대한 지향점이 어디에 닿아있는지를 알 수 있다. 따라서 창업을 준비하는 예비창업자들이나 초기창업자, 사업전환을 준비하는 기업가들에게 이런 질문을 했을 때 제대로 정립되지 않았거나 고개를 갸우뚱하게 만드는 부정적인 답변을 한다면 창업 준비가 아직 충분치 않거나, 성공 가능성이 작다고 볼 수 있다. 성공 창업을 위해서는 창업자가 갖춰야 할 기업가 정신, 그것이 무엇보다 중요한 필수 요건이다.

기업가 정신에 대한 정의는 학자마다 다르게 표현하고 있지만, 대략 종합해서 요약해 보면, '새로운 사업 기회를 포착해 신제품을 개발하고, 생산 요소를 혁신적으로 조합하고 조정하며 통제하는 과정'

이라고 할 수 있다. 또 기업가 정신은 이러한 과정에서 당장의 이윤 추구와 또 다른 어떤 가치가 동시에 충돌할 때 가치 판단을 어느 쪽에 두고, 그 가치를 쫓아갈 것인가에 대한 기준을 나타낸다고도 할 수 있다. 즉 기업가의 가치판단 기준에 따라 인사전략, 재무투자전략, 생산관리운영전략, 마케팅 전략, 정보화전략 등 경영전반에 대해 경영학의 다양한 분야에서 혁신이 가능해진다. 그리고 변화하는 시장 상황에 빠르게 대응하는 민첩성과 대응 능력으로 새로운 제품과 서비스, 새로운 비즈니스모델의 도입으로 혁신하는 경쟁력은 기업가 정신에 바탕을 둔 것이다. 그러므로 기업가 정신의 혁신 정도에 따라 기업 비전에 따른 위험 감수 능력에 차이를 보이게 되며, 경제성장의 촉매제로 작용해 신산업 성장을 위한 새로운 비즈니스와 고용기회를 창출해 낸다.

기업가 정신이라는 용어는 미국의 경제학자 조지프 슘페터(Joseph Alois Schumpeter)가 최초로 주장한 개념으로 가장 핵심적인 의미는 혁신(Innovation)이다. 이 생각은 흔히 통념적으로 여겨지던 기업가 정신인 '미래를 예측할 수 있는 통찰력'과 '새로운 것에 과감히 도전하는 혁신적이고 창의적인 정신'과도 일맥상통한다. 그래서 '기업가 정신'은 곧 '혁신'이라고 받아들이는 것이 당연하게 되었다. 특히 슘페터는 기술혁신을 강조했는데, 새로운 생산방법과 새로운 상품개발을 위해 기술혁신을 통한 창조적 파괴를 하는 기업가를

'혁신자'라고 규정하기도 했다. 그러면서 그러한 '혁신자'가 반드시 갖추어야 할 몇 가지를 기업가 정신으로 규정했는데, 신제품개발과 새로운 생산방법의 도입 및 신시장 개척이 가장 중요한 대표 항목들이다. 그 외에도 새로운 원료나 부품의 공급, 새로운 조직의 형성, 그리고 노동생산성 등이 포함된다.

예비창업자들은 물론이고 초기 창업자, 재창업자, 그리고 창업 도약기를 지난 기존 창업자들까지도 사업에 필요한 가장 중요한 우선순위를 물어보면 대부분은 '자금'이라고 답한다. 돈만 있으면 누구나 쉽게 창업할 수 있고, 성공도 문제없을 것이라고 여기는 경우가 많다는 것이다. 일리 있는 말이다. 자금이 있어야 연구도 할 수 있고, 제품 개발도 할 수 있고, 생산도 판매도 가능하다. 그야말로 자금이 없이는 창업이나 경영이 불가능한 것이 사실이다.

그러나 항상 그럴까? 다시 말하면 돈만 있으면 다 창업할 수 있고, 기업 경영에 성공할 수 있을까? 여기서 필자는 다르게 말하고 싶다. 이 말의 의미는 자금의 무게보다 더 큰 비중을 차지하는 핵심 요인이 있다는 뜻이다. 특히 지금처럼 다각도로 창업지원제도가 촘촘히 설계되어 있고, 지속가능한 기업 경영을 위한 정책이 겹겹이 쌓인 경제 환경에서는 더 그렇다. 기업을 만들고 경영하는 창업가, 기업가라면 자금보다 더 먼저, 가장 기본적으로 갖추어야 할 조건이 다름 아닌 '기업가 정신'이다. 단단히 무장한 기업가 정신을 바탕으로 그 혁신적 사업모델을 성공시키기 위해 사업계획을 탄탄히 세워 실현해 간다면 창업 준비부터 사업 운영에 필요한 지원과 투자 등 자금 확보에 유리하게 작용하고 원활히 공급될 수 있다는 것이다. 심지어 정부나 지자체의 정책에 따른 자금지원을 위한 잠재적 성공 가능성이 높은 유망아이템이나 사업계획서가 드물고, 투자자들도 역량 있고 성장 가능성 높은 대상기업을 발굴하는 데에 많은 어려움을 겪는 것이 사실이다. 그만큼 기업가 정신을 제대로 구현하는 사업기획이나 기업을 선정하기 어렵다는 것이다.

경제학자 피터 드러커는 기업가 정신을 두고 언급하기를 변화를 탐색하고 그것을 기회로 활용해야 하며, 기회를 잡으려면 변화하는 세상을 잘 읽어야 한다고 했다. 또 마이크로 소프트의 빌 게이츠는 "적극적인 마음 자세를 유지하라."라고 했고, 애플의 스티브 잡스는 "다르게 생각하라."라고 강조했다. 알리바바의 마윈 역시 "모두가 기피하는 그곳에 기회가 있다."라며 기업가 정신이 어때야 하는지 알려 준다.

아마존의 창립자 제프 베조스는 기술과 비즈니스의 경계를 허물고 혁신적인 아이디어를 추구하며 자신의 비전과 결단력을 바탕으로 기업을 성장시켜 혁신적인 제품과 서비스로 많은 일자리를 창출했다. 일론 머스크의 도전적인 목표설정과 혁신적인 접근 방식은 테

슬라, 나아가 상상을 현실로 만들어가며 스페이스 X라는 민간 우주 항공 기업을 탄생시켜 인류의 기술혁신뿐 아니라 새로운 미래의 장을 펼쳐나가고 있다.

우리나라 대기업의 양대 산맥이라 할 수 있는 현대와 삼성의 설립자, 그들의 기업가 정신을 보자. 그러면 불모지와 다름없었던 창업 환경 속에서 어떻게 그러한 제품과 서비스를 생산하고, 자원을 확보해 경영에 성공할 수 있었으며, 오늘의 글로벌 기업에 이를 수 있었는지에 대해 저절로 고개가 끄덕여진다. "창업의 가장 근본은 낙관적인 사고와 자신감"이라고 한 현대그룹 정주영 창업주, 그가 경영전략회의에서 입버릇처럼 자주 사용했다는 말이 있다.

"이봐, 해보기나 했어?", "당신은 자본이 없는 것이 아니라 신용이 없는 것이다."라는 말이었는데 이를 통해 도전과 실천, 혁신을 강조했었다.

또 삼성의 이병철 회장은 "기업가 정신은 이념이 아니라 실천이다."라며 변화를 추구하고 기회로 삼으라 했다. 이건희 회장 역시 "삼성의 현재는 미래를 담보하지 못한다."라며 "지금의 성공에 만족하지 말고 끊임없이 변화하라."라는 메시지를 던진 것으로 유명하다. 또한, 그는 "마누라와 자식 빼고는 다 바꿔라."라고 말함으로써 기업의 혁신과 생존, 변화를 추구하는 변혁의 경영 철학을 단적으로 보여주었던 일화로 유명하다.

기업은 그 존재 이유와 나아갈 방향, 미션과 비전을 명확하게 설정해야 한다. 그리고 이를 실현해 나갈 핵심 가치를 구체적으로 추구함으로써 지속가능한 새로운 가치를 창출하며 생존을 넘어 계속 발전하고 성장해 갈 동력을 얻게 된다. 주어진 환경에 만족하지 않고, 가로막힌 장애물에 굴하지 않으며, 더 좋은 세상, 더 나은 사회를 만들기 위해 창의적인 시도와 변화를 모색하며 혁신과 도전을 지속하는 것, 그것이 바로 기업가 정신이다.

# 창업 기업의 생존,
# 소통에 달려있다

: 소통이 사라지면 고통이 시작된다. 아무리 좋은 아이템과 하이테크 기술, 그리고 첨단시설과 장비, 우수한 시스템이나 프로그램이 있더라도 결국 그것을 이어 주고 움직이는 것은 사람이라는 것을 명심해야 한다. 우수한 인재를 확보하고, 고객창출에 성공했다고 하더라도 소통은 인체의 심폐기능과 같아서 소홀히 하거나 멈추면 기업은 곧 사망상태에 이르게 된다. 건강한 소통은 기업의 생명을 지키고, 조직을 살리는 원동력이다.

창업을 준비하는 과정에서, 그리고 창업 후 기업 경영 활동을 해 나가는 동안 기업은 얼마나 소통하고 있을까? 창업 성공을 위해 누구와 어떻게 소통하고 있을까? 성공적인 창업을 위해, 그리고 창업 이후 생존과 지속적인 성장을 위해 기업은 고객과 소통을 잘하고 있는 것일까? 진정성 있는 소통을 위해 얼마나 노력하고 있을까?

창업과 경영의 성공을 위해 고객과의 소통은 필수불가결하다는 것은 누구나 아는 사실이다. 그러나 언제, 어떻게 소통해야 효과적이며 동시에 효율적인 결과를 얻을 것인지에 대해서 항상 고민해야 한다. 그런 노력을 게을리하면 불통은 당연하고, 적극적으로 소통하는 노력이 자칫 일방통행이거나 오해를 낳는 잘못된 소통, 차라리 안 하느니보다 못한 불필요한 소통으로 부정적인 영향을 끼치는 경우가 상당히 많다. 시장에서 필요로 하는 기술을 연구하고 제품과 서비스를 개발하는 아이디어의 원천을 찾는 것에서부터, 이후 판로를 개척하여 시장에 진출하고 고객을 창출하여 매출을 올리며 지속적으로 수익을 증대하는 모든 과정에서 고객과의 소통은 성공적인 창업을 위한 핵심 요소다. 왜냐하면 성공적인 아이템이 되려면 고객의 불편함과 니즈를 보다 깊숙이 파악하고, 그에 대한 해결방법을 최적화된 방법으로 제시하는 것이 주된 요인이기 때문이다. 그러므로 적당히, 대충대충 형식적으로 소통해서는 안 된다. 고객의 마음을 진심으로 헤아리고, 가치 제공에 대한 고객의 동의를 확신할 수 있도록 끊임없는 소통을 이어가야 한다. 소통의 부재나 단절, 곡해는 곧 창업이 실패에 이르는 결정적 요인이 될 수 있음을 항상 기억해야 한다.

　모두가 부인할 수 없듯이 세계는 지금 경기 불황의 늪에 빠져들어 있다. 숨 가쁘도록 어지럽게 돌아가는 정치적 상황에 얽히고설킨 경제 환경은 그 넓이와 깊이조차 가늠할 수 없는 늪지대에서 옴짝달싹하기가 두려운 상황과도 같다. 복잡하고 불확실한 정치와 경제가 가시덤불처럼 뒤엉켜 답답한 안개 속처럼 한 치 앞을 내다보기도 힘들어졌다. 경제성장률 그래프는 회복을 기대해 볼 수 있는 'U자형'은 보이지 않고, 지속적 'L자형'을 그리며 저성장의 끝을 예측할 수 없을 지경에 놓여 있다. 그럼에도 어제도 오늘도 누군가는 또 창업을 했고, 내일도 창업 기업 숫자는 더 늘어날 것이다. 반면 성공하지 못하는 창업도 계속 누적되었고, 앞으로도 그럴 것이다. 어쩌면 창업 후 지금까지는 꽤 괜찮았던 기업들도 위기를 맞닥뜨릴 수 있고, 건실해 보이는 기업들마저도 언제 어떤 장애물이 나타날지 모르는 불안감에서 벗어나기 어렵다.

　'늪으로부터의 탈출'을 위해 가장 좋은 방법은 무엇일까? 알다시피 무턱대고 허우적거리거나 몸을 똑바로 세운 채 탈출하려다가는 오히려 점점 더 깊이 빠져들어 위험해진다. 늪 탈출 전문가들에 의한 여러 실험 결과 중 가장 효과적인 방법은 상체를 늪 표면에 납작 엎드려서 늪을 끌어안는 것과 같이 자세를 만들고, 가능한 수평면으로 최대한 넓게 몸을 밀착시키며 천천히 기어 나오는 것이라고 한다. 이때 가볍고 긴 막대나 널빤지를 늪 표면에 놓고 밀어 보면 훨씬 수월하게 빠져나올 수 있다고 한다. 절박할수록 더 가까이 다가가 마치 늪과 하나가 되어서 소통하듯 해야 희망이 있다는 것이다. 그대로 포기해 버리거나 막무가내로 탈출을 위해 몰아붙이는 대신 탈출 의지는 확고히 갖되, 침착하게 대응 전략을 모색하고 위기 상황을 헤쳐 나가면 분명히 희망을 찾을 수 있다는 것이다. 불황의 늪을 탈출하고 싶은가? 그렇다면 먼저 소통으로 시작하라.

'성공 창업의 열쇠는 소통'이며, '경영은 곧 소통'이다. 일이 잘 풀릴 때도 그렇지만, 특히 어려울 때일수록 소통의 필요성이 더욱 강조된다. '형통하려면 소통하라.'라고 하지 않는가? 창업 기업이 고객과의 소통을 소홀히 하는 순간 실패의 길로 들어설 것이며, 고객과의 소통을 다각도로 계속하기 위해 진정성 있게 노력한다면 지속적으로 성공할 가능성이 높다.

그렇다면 창업 기업이 누구와 어떻게 소통해야 하는 것인가? 필자는 여기서 창업 기업의 소통주체인 경영자의 입장에서 말하고자 한다. 다시 말하면 기업을 만들고, 이끌어가는 창업자의 소통대상을 나누어보고, 그 소통의 필요성을 살펴보겠다. 그리고 그 대상자들과 무엇을 소통해야 하고, 어떤 방법으로 소통해야 하는지 알아보도록 하자. 다음의 세 가지 제언을 통해 창업자들은 창업을 준비하고, 실제 창업을 하며, 성공적으로 기업을 경영해 나가는 과정에서 그 각각의 소통대상에 대한 중요성을 깊게 인식하고, 잘 소통하기 위한 최선의 방법을 찾고 이를 실천해 보도록 하자.

첫째, '창업자 자신과의 소통'이다. 경영자이기 이전에 한 사람으로서 성숙한 인격체인지, 아직 미성숙했거나 결여된 부분은 무엇인지 스스로 자신의 내면을 들여다보고 보완해야 한다. 사람은 자기 자신에 대한 이해가 부족하면 결국 타인을 인정하는 것도 어려워진다. 이는 소통에 큰 장애가 된다. 특히 열등감, 우유부단, 지나친 권위의식, 현실 감각 부족, 과도한 스트레스 등은 긍정적이고 발전적인 소통에 커다란 걸림돌로 작용한다. 자신의 강점뿐 아니라 약점을 냉정하게 살펴보고, 창업과 경영에 필요한 소통역량으로 활용하려는 노력과 동시에 개선이 필요한 부분을 분석해야 한다. 그리고 창업자로서의 자기 정체성과 자아 존중감을 향상해야 하며, 동시에 자기 한계를 인지하여 이를 극복하거나 보완할 방법을 찾아야 한다. 쉽지 않겠지만, 성공 창업을 위해서 반드시 혁신하고 변화해야 한다.

둘째, '내부 고객과의 소통'이다. 창업자는 기업을 구성하는 조직 구성원을 포함한 내부 고객들과 매우 원활히 소통해야 한다. 창업은 혼자서 이뤄지는 것이 결코 아니다. 비록 1인 창업을 한다고 해도 다양한 이해관계자들과의 협업과 협조를 통해서 가능한 것이 기업 활동이다. 기업의 주요 업무와 역할을 맡는 구성원에 국한된 것이 아니라, 조직을 구성하는 모든 구성원과 소통해야 한다. 또 기업 외부에 있지만, 파트너십을 유지해야 할 협업 기업들과 공급망으로 연결된 주체들, 그리고 정부 및 지자체 등의 행정기관뿐 아니라 창업과 경영 지원제도를 직접 수행하는 위탁기관이나 운영기관, 투자자들까지도 모두 내부 고객이다. 물론, 다양한 내부 고객과의 소통의 질과 비중은 다를 수 있지만, 단 한 사람의 조직원과도 시원하게 소통하는 습관이 있어야 하며 규모가 커지고 다양해질수록 소통 채널과 방식도 더 역동적이어야 한다.

내부 소통은 마치 인체의 혈액순환과도 같다. 그러므로 이 소통 채널이 어디 한 군데라도 막히면 동맥경화증처럼 조직의 괴사나 분열이 일어날 잠재적 위협 요소가 된다. 소통을 위한 물리적 환경 조성과 제도적 장치를 만들고 적극적으로 나서야 하며, 우선적으로 소통해야 한다. 내부 고객과 함께 만들어가야 창업도 성공하고 기업도 지속될 수 있다.

셋째, '외부 고객과의 소통'이다. 이는 인체에 비유하자면 호흡과도 같다. 마치 들숨과 날숨처럼 주기적으로 양방향 소통이 원활해야 조직이나 기업이 지속가능하게 유지되고 성장을 위해 강한 생명력을 얻을 수 있다. 외부와의 소통 채널이 왜곡되거나 단절되면 변화와 혁신의 단초가 될 기회를 상실하여 다시는 회생하기 어렵게 된다. 불통을 고집하면 이내 자멸하고 만다. 기업의 생명 줄은 외부 고객이 쥐고 있다. 외부 고객과의 소통은 마치 호흡을 통해 인체 내부와 외부에 존재하는 산소와 이산화탄소의 가스교환으로 생명을 잃지 않고 건강을 유지하며 성장하게 만드는 것과도 같다.

소통이 사라지면 고통이 시작된다. 아무리 좋은 아이템과 하이테크 기술, 그리고 첨단시설과 장비, 우수한 시스템이나 프로그램이 있더라도 결국 그것을 이어 주고 움직이는 것은 사람이라는 것을 명심해야 한다. 우수한 인재를 확보하고, 고객창출에 성공했다고 하더라도 소통은 인체의 심폐기능과 같아서 소홀히 하거나 멈추면 기업은 곧 사망상태에 이르게 된다. 건강한 소통은 기업의 생명을 지키고, 조직을 살리는 원동력이다.

## 실패하는 창업에는
## 세 가지가 없다

: 실패하지 않고 살아남아 성공 창업의 길로 뚜벅뚜벅 걸어가기 위해서는 앞서간 기업들의 실패 원인에서 그 해법을 찾아보는 것도 좋은 비책이 될 것이다. 창업에 성공하지 못한 원인들에는 업종이나 업태를 불문하고 공통적으로 다음 세 가지 문제점을 안고 있었다. 바로 '고객', '판로', '수익'이라는 키워드가 없는 3무(無) 상태가 그것이다. 이 세 가지 중에서 단 한 가지만 부족해도 성공할 수 없다.

"살아남는 것이 곧 경쟁력이다."라고 했다. 창업자는 창업 이후 지속가능한 성장 가도를 달려가기를 바라겠지만, 그러기에 앞서 일단 살아남는 것이 먼저다. 창업자마다 사업목적이나 목표가 다르겠지만, 기업이 존재하려면 어떠한 경우라도 제품이나 서비스가 시장으로 나가서 고객을 만나고, 가격이 형성되어 거래가 이뤄지며 수익을 창출해야 한다. 즉 기업이 시장 환경에서 살아남아야 창업 목적을 달성하고 경영을 지속할 길이 열린다. 성공 창업을 위해서는 적어도 살아남겠다는 최소한의 목표가 있어야 하고, 실패하지 않기 위한 치밀한 전략, 그리고 각고의 노력이 요구된다.

'어쩌다 창업', '묻지마 창업'을 수없이 보아 왔다. 학교 교육과정에서부터 취업 대비 창업을 장려하고 있고, 아예 취업을 하지 않고 창업으로 시작하는 경우, 평생직장은 사라지고 대퇴사 시대를 맞아 다니던 회사를 떠나 자신의 평생직장을 스스로 만드는 경우가 늘고 있다. 직장에서 직무와 관련된 지식이나 기술을 자신만의 것으로 발전시켜 독립하는 경우, 은퇴 후 자신의 경험과 경력을 발판 삼아 큰 목표를 세우고 창업을 하기도 한다. 또 어쩔 수 없이 생존을 위해 선택지 없는 창업을 하는 경우도 많다. 그리고 많은 창업자들에게 이미 창업 기회는 어떤 분야든 어떤 기술이든 누구에게나 활짝 열려 있다. 단지 문만 열어 놓은 것이 아니라, 그 문 안으로 쉽게 들어갈 수 있는 장치가 즐비하게 늘어서 있다. 마치 누구나 여행을 하고 싶어 하는데 그 여행의 기회를 별로 힘들이지 않고 접을 수 있는 환경이 성숙되어 있고, 원한다면 어렵지 않게 여행할 수 있는 것과 비슷하다. 창업전문가들마저도 다 알 수조차 없는 어마어마한 창업지원정책과 다양한 지원제도들이 시행되면서 벌어지는 현상이다. 그러다 보니 누구나 쉽게 창업할 수 있는 환경이 조성되어 있다. 그것도 패키지 형태로 교육, 자금, 컨설팅을 바탕으로 시장개척과 판로지원까지 완성도 높게 설계된 창업지원 프로그램들이 적극적으로 창업자를 찾아 나서며 먼저 손을 내밀어 끌어당기는 형국이다. 때로는 어서 창업하라고 재촉하는 것처럼 보인다. 실낱같은 아이디어 하나만 있어도 그럴듯한 비즈니스모델을 개발해 내고, 괜찮은 아이템 하나만 있어도 사업계획서를 완성하고 제품생산도 이뤄진다.

그러나 이렇게 어찌어찌하다 보니 창업하고, 리스크나 부정적 측면에 대해 이것저것 따져보지도 않고 긍정적 측면만 강조해 창업한다면 과연 성공할 수 있을까? 아니다. 어쩌면 오히려 독이 든 잔을 잘못 받아 들게 돼 정책과 제도의 희생양이 될 수도 있음을 알아야 한다. 철저한 준비 없이 열려 있는 기회를 쉽게 잡고, 창업 열의와 성공 의욕만을 앞세워 '대충대충, 그럴듯하게' 같은 형태의 창업 준비로 섣불리 뛰어들었다가는 성공의 축배가 아닌 패배의 쓴잔을 마시게 될 가능성이 훨씬 더 높다. '내가 하면 될 것' 같은 과대 포장된 자신감, 준비 없는 용기나 무모한 도전정신, 심지어는 객관적 근거 없이 운에 기대어 시작하는 경우도 많다. 물론 그렇게 하더라도 운이 좋게도 잘 되는 경우가 전혀 없지는 않다. 그러나 막연한 요행을 기다리기에는 전혀 만만치 않은 것이 창업이다. "시작이 반이다."라는 말만 믿고 창업한다면 이후 겹겹이 쌓인 장애물을 건너지 못해 냉혹한 좌절을 경험하게 될 것이다.

그러므로 실패하지 않고 살아남아 성공 창업의 길로 뚜벅뚜벅 걸어가기 위해서는 앞서간 기업들의 실패 원인에서 그 해법을 찾아보는 것도 좋은 비책이 될 것이다.

그러면 실패한 창업 기업에는 어떤 문제들이 있는지 살펴보자. 창업에 성공하지 못한 원인들에는 업종이나 업태를 불문하고 공통적으로 다음 세 가지 문제점을 안고 있었다. 바로 '고객', '판로', '수익'이라는 키워드가 없는 3무(無) 상태가 그것이다. 그리고 이 세 가지 키워드 중에서 단 한 가지만 부족해도 성공할 수 없다. 여기서 주목할 만한 것은 기술의 결함이나 제품의 기능 등의 문제가 공통 실패 요인이 아니라는 것이다. 즉 공급자 측면보다는 수요자 측면, 다시 말하면 생산하는 기업보다는 소비하는 고객, 그리고 그 고객을 만나는 시장요인이 더 큰 비중을 차지한다는 것이다. 미국의 시장조사 및 분석회사인 CB 인사이트가 조사해 발표한 자료 '스타트업이 실패하는 주요 이유'의 첫 번째 요인이자 42%로 가장 큰 비중을 차지한 것도 바로 시장요인이다. 즉 고객욕구와 고객니즈에 대한 해결이 없는 제품으로 시장 니즈의 부재라고 나타난 것처럼 창업 기업의 성공을 가로막는 제일 큰 장벽은 '고객'임을 명확히 강조하고 있다.

위의 '고객', '판로', '수익'이라는 3가지 키워드를 조금 더 살펴보자. 제품은 있으나 그 제품을 사 줄 고객이 없고, 제품을 만들었으나 어디에 그리고 어떻게 팔 방법, 즉 판로가 없다는 것이다. 또 매출은 오를지라도 이윤이 없다는 것이 '실패하는 창업'의 3무(無) 조건이다. 이를 역으로 말하면, 이 세 가지 조건을 잘 만족시키면 실패하지 않고 살아남을 수 있다는 것이 된다. 즉, 경쟁력을 갖춰 판로를 개척하고 고객을 확보하여 수익을 창출하면 성공 창업의 길로 갈 수 있다는 말이다. 따라서 여러 가지 창업 전략이 있지만, 적어도 생존해야겠다는 절실함이 있다면 이 키워드에 집중해 방어 전략을 구축하고 공격적 마케팅을 펼쳐나가야 한다.

먼저 이 장에서 간단히 요약하자면 '내 제품을 사 줄 고객'을 명확히 찾아내고 규명해야 한다. 이는 시장을 세분화해 그중에서 주 고객인 타깃고객이 원하고 필요로 하는 제품 개발에 초점을 맞춰야 한다. '누군가 사겠지, 제품이 좋으니 고객이 알아주겠지'라는 꿈은 실패하는 창업으로 가는 첫 번째 지름길이다. 핵심고객이 누구인지를 아는 것, 즉 이 제품의 핵심 기능을 반드시 이용해야만 하는 고객을 정의하고, 고객이 제품을 이용했을 때만이 누릴 수 있는 이익, 반드시 이용해야 할 이유를 한 문장으로 요약할 수 있어야 한다. 성공 창업으로 가는 첫 관문 통과 절차라고 하겠다.

다음으로, '어디에서 어떻게 팔 것인지' 판로를 개척하고 시장을 확보해야 한다. '어디에서든 팔리겠지, 어떻게 되겠지'라는 식의 안일하고 소극적인 자세로 접근했다가는 이내 고객을 만나러 가는 길이 막혀 한 발짝도 앞으로 나갈 수 없을 것이다. 어디로 가야 고객을 만날 수 있는지, 어떻게 해야 고객으로 하여금 이 제품과 서비스를 구매하게 할 것인지에 대한 방안을 치열하게 찾아야 한다. 이때 기업 입장보다는 고객이 가장 편리하고 쉬운 방법으로 제품을 찾고, 구매할 수 있도록 여러 가지 장치를 만들어 판로개척을 해야 한다.

그리고 매출 대비 이윤, '수익성'이다. 매출은 오르는데 수익은 늘지 않거나 오히려 감소하는 경우가 많다. 그 이유는 대부분 가격정책의 실패인데, 이는 무리한 고객창출이나 시장 점유율 확보, 재고량 부담, 매출규모에만 목표를 두고 판로개척 전략을 펼칠 때 흔히 발생되는 결과다. 시장진출 초기나 단기 판촉 전략으로 어쩔 수 없이 활용하는 마케팅 전략이기도 하다. 그러나 가격정책은 시장진입 시 매우 민감한 요소이고, 함부로 남발하면 시장으로부터 신뢰가 저하되며, 너무 낮은 가격은 수익성 저하의 주범이다. 그러므로 총 매출액에 지나치게 의지하거나 만족하지 말고, 매출추이를 보면서 그 매출 대비 순이익이 얼마인지를 항상 비교분석해야 한다. 매출은 지속적으로 올라도 이윤이 없거나, 오히려 지출이 늘어나는 경우도 허다한데, 그럴 때는 비즈니스모델을 재정립하고 수익률 감소 원인을 찾아 반드시 개선해야 한다. 그러지 않으면 멈추지 않는 누수로 인해 언젠가는 둑이 터질 수도 있다.

또 판매 대금 회수 등 자금 회전력과 연관된 문제다. 창업에 소요되는 자금계획과 운영 자금 확보에 대한 계획은 여유 있게 세워야 한다. 창업을 준비하고 실행하는 과정에는 예상보다 훨씬 더 많은 자금이 필요하고, 추진기간이 지연될 수도 있다. 창업 초기의 경우 손익분기점까지는 적자경영이 당연할 수 있고, 연이어 사업 확장이나 후속제품에 대한 연구개발 및 생산을 위해 수익을 다 쏟아부어야 하는 상황도 맞게 된다. 그런데 그때그때 자금공급이 원활하지 않으면 아무리 우수한 사업계획과 양호한 수익모델이 있다고 해도 자금난을 겪다가 실패하고 만다. 위에서 언급한 CB인사이트의 자료에서도 두 번째 실패요인을 바로 '자금난'이라고 했듯이 이에 대해 충분히 고려하고 대비해야 한다.

 이렇듯 창업 후 살아남는 생존과 성장을 계속해 나가기 위해서는 어떤 시장에서 어느 고객에게 어떻게 팔 것인지, 그리고 총매출액의 규모보다 수익성을 따져보며 자금 확보 계획에 대한 경영 전략을 꼼꼼히 체크해 보자.

## 혁신창업을 위한 창의적 아이디어 발굴

: 이전과는 다른 관점으로 바라보고, 고정관념에서 벗어나, 낯설고 어색하지만 혁신적으로 사유해 보자. 기존의 모든 것을 바꾸거나 완전히 처음으로 '세상에 없던 것'이 아니어도 된다. 하나만 더하거나 하나를 빼도 된다. 작은 변화가 만들어 낸 창의적 아이디어, 그것이 전혀 다른 새로움을 창조해 낼 수 있다. 매사에 호기심 어린 눈으로 바라보고, 여러 각도에서 세밀하게 관찰하라!

창업에 대한 꿈을 가지고, 창업 준비를 시작하려면 가장 먼저 해야 할 것이 성공 창업을 위한 아이디어 발굴이다. 기존의 문제를 혁신적으로 해결할 창의적 아이디어로부터 창업이 첫 단추가 끼워지는 셈이니 말이다. 얼마나 혁신적이고 창의적으로 문제해결을 하느냐에 따라 훗날 차별화된 아이템으로서 경쟁력 있는 제품과 서비스가 탄생한다. 그리고 '창의적 아이디어 발굴은 어디서부터, 어떻게 해야 할까?'에 대해 적잖은 고민과 스트레스를 받는 것도 당연하다. 그래서 창업은 하고 싶은데, 새롭게 떠오르는 창의적 아이디어를 찾지 못하면 어느 지점쯤에서 포기하거나, 조급함을 견디지 못하고 적당히 괜찮을 것 같은 아이디어를 아이템으로 결정해 버린다. 속으로는 '이런 아이디어로 과연 창업에 성공할 수 있을까?'라는 의구심이 들기도 하지만, '어떻게든 되겠지'라고 애써 안심하려고도 한다. 그러나 막상 본격적으로 창업 준비 단계에 들어가 보면 그런 평범한 아이디어는 아무에게도 주목받지 못한다는 것을 깨닫는 데에는 그리 오랜 시간이 필요치 않다. 때로는 주변의 우려와 부정적 시각을 외면한 채 앞으로 달려 나가는 경우도 많지만, 얼마 가지 못하고 넘어져 상처를 입거나, 더 이상 나아갈 수도 없어 버티다가 결국 넘어지고 마는 경우가 허다하다. 호기로운 도전이 곧 성공을 가져다주는 것은 아니다.

    그렇다면 하나의 사업을 성공시키기 위해 아이디어는 어느 정도 필요한 것일까? 미국의 스탠퍼드대학교 밥 서턴 교수의 말에 의하면 '2,000개 정도'라고 한다. 디자인 컨설팅 회사에서 일했던 경험으로 쉽게 예를 들어 설명한 바에 따르면, 성공한 제품 1개가 나오기 위해서는 2,000개의 아이디어를 가지고 100개의 작동 가능한 시제품을 만들어야 하며 100개의 시제품 중 5개가 최종 상품으로 출시되는데 그 최종 상품 5개 중에서 결국 1개가 성공한다고 했다. 물론 이 예가 모든 업종에 동일하게 적용되는 것은 아닐 것이다. 그런데 심지어 어떤 업종에서는 2,000보다 더 큰 숫자의 아이디어를 만들어야 한다는 주장도 있다고 하니, 성공적인 창업을 위해서 창의적 아이디어 발상이 얼마나 중요한지 더 말할 나위 없겠다. 그만큼 얼마나 많은 노력이 요구되는지를 강조한 것이라 하겠다.

그러면 성공 창업을 위해 창의적인 아이디어 발상에 대해 조금 더 알아보자. 창의력 연구에 대해 전문기관인 미국 스탠퍼드대학교 디 스쿨(D-School)에서는 창의적 문제해결이라는 것은 대부분 그냥 우연히 벌어지는 일인 것 같지만, 사실은 여느 능력과 마찬가지로 배우고 마스터할 수 있는 하나의 기술이며, 압도적인 아이디어를 많이 생산해 내고, 그 아이디어를 검증하고 테스트하는 과정에서 만들어진다고 했다. 이는 위에서 언급한 것과도 일맥상통한다. 즉 2,000개라는 숫자처럼 압도적으로 많은 수의 아이디어 발상이 필요하고, 그 아이디어 중에서 검증과 테스트를 거치면서 창의적 문제해결을 위한 아이디어가 발굴된다고 보았다.

그런데 이에 대해 너무 어렵게 여길 필요는 없다. 창의적 아이디어 발상은 의외로 쉽게 접근할 수 있는 지름길이 있다. 필자는 창업을 위해 아이디어를 발굴하려는 사람들에게 가장 먼저 하는 질문이 있는데, "요즘 당신의 관심거리는 무엇입니까?"라는 질문이 그것이다. 그러면 대부분은 그리 어렵지 않게 몇 가지를 답한다. 그 몇 가지 답변 가운데 키워드를 찾아내서 질문을 이어가다 보면 자신도 생각지 못했던 창업 아이디어에 도달하게 된다. 그리고 그중에서는 실현 가능성과 성공 가능성이 높은 결론을 얻기도 한다. 이렇게 창업 기회로까지 연결되는 창의적 아이디어를 얻게 되는 과정을 보면 우연히 마주치는 경우가 있고, 비교적 의도적으로 탐색하게 되는 경우가 있다. 또한, 의도적으로 대상을 탐색할 때는 자신의 지식이나 기술에 기반을 둔 전문 분야에 집중하거나, '지금 하고 있거나 과거에 했었던' 일에서 얻은 경험을 되짚거나, 취미활동 등에서부터 찾아보면 된다.

그렇게 자신의 관심거리가 생각났다면, 이제 "그 관심거리에서 느끼는 불편함은 무엇인가요?"라고 묻는다. 즉, 그것들에서 느끼는 불편함을 찾아내는 것, 문제 발견이 그다음 단계다. 그리고 불편함을 발견했다면, "그 불편함은 어떻게 개선하거나 보완하면 좋겠습니까?"라는 질문을 던지는 것이 세 번째 단계다. 그렇게 불편함을 어떤 방법으로 해결할 수 있는지, 어느 한계나 제약 없이 다양한 방법을 찾아보도록 한다. 가능한 여러 각도에서 최대한 많은 아이디어를 찾는 것이 좋다. 그것이 창의적 아이디어의 출발이다. 이때 창의적이고 혁신적인 아이디어 발상을 효과적으로 하기 위해서 잘 알려진 '브레인스토밍(Brain Storming)'이나 '마인드맵(Mind Map)', '디자인 씽킹(Design Thinking)' 기법을 적용해 보는 것은 상당히 효율적이다. 또 관련 서적이나 리서치 등 조사 및 통계자료, 그리고 동종업계의 경쟁사 및 경쟁상품 분석 등을 통해 한계를 정해놓지 않고 아이디어를 찾아야 양적으로나 질적으로 풍성해진다. 여기에서는 기술적인 문제나 자금 문제 등을 크게 고려하지 않고, 떠오르는 모든 아이디어, 적용하고 싶은 모든 해결방법을 다 발상하는 것이 좋다. 몇 개가 아니라 몇십, 몇백 가지라도 좋다. 기초적 아이디어가 많으면 많을수록 다음 단계에서 유리해진다.

그렇게 수많은 아이디어를 발상해 냈다면, 그중에서 현실적으로 적용 가능한 아이디어를 가려내야 한다. 조금 더 새롭고 기존 방법보다 혁신적이면서도 실제로 구현 가능성이 있다고 보여서 창업아이템으로 발전 가능성이 높아 보이는 아이디어들을 추려내는 것이다. 그리고 그러한 아이디어들은 문제해결을 위한 개선책으로 어느 정도 구체화해 기존의 제품이나 서비스와는 다르게 불편함을 개선하면서 차별화된 새로움이 있어야 한다.

그리고 '나의 관심거리'에서 시작된 이러한 아이디어 발상을 내 주위, 그리고 다른 사람들의 관심거리와 불편함에 대해 사고의 폭을 확장해 볼수록 더 많은 시장이 열릴 가능성이 높아진다. 그러려면 세상을 넓게 읽고, 변화의 흐름을 읽어야 하며 미래의 발전방향에 대한 이해와 관심을 가져야 한다. 또 그 기초 아이디어를 혼자만의 생각에 머물게 하지 말고, 적극적으로 드러낼 필요가 있다. 물론 아이디어 도용에 대한 우려가 있기도 하지만, 보다 많은 사람들에게 설명하고 그들의 의견을 듣고, 특히 그 분야의 전문성을 가진 사람들에게 조언을 듣는다면 오히려 더 빠르고 쉽게 그 구체적인 대책과 방법을 구할 수 있다.

극작가 아서 밀러가 창의적 아이디어에 대해 "지금까지 아무도 생각지 못한 새로운 방식으로 사물을 관찰하고, 문제를 찾아내고, 그 문제를 해결하며 나만의 독창적인 방식으로 자기 특유의 새롭고 차별화된 특별한 아이디어를 창출해 낼 수 있는 능력"이라고 했듯이 그렇게 시작해 보자. 이전과는 다른 관점으로 바라보고, 고정관념에서 벗어나, 낯설고 어색하지만 혁신적으로 사유해 보자. 기존의 모든 것을 바꾸거나 완전히 처음으로 '세상에 없던 것'이 아니어도 된다. 하나만 더하거나 하나를 빼도 된다. 작은 변화가 만들어 낸 창의적 아이디어, 그것이 전혀 다른 새로움을 창조해 낼 수 있다.

매사에 호기심 어린 눈으로 바라보고, 여러 각도에서 세밀하게 관찰하도록 하자. 그중에서 당신의 관심을 사로잡고 마음이 끌리는 무엇인가를 발견했다면 그에 대해 "왜?"라는 의문과 끊임없는 질문을 가져 보아야 한다. 그것이 성공 창업으로 가는 창의적 아이디어 발상의 시초임을 잊지 말자.

# 유행아이템 활용 & 유망아이템 선정

> 창업 현장에서 유행아이템과 유망아이템을 명확하게 구분 지어 찾아낸다는 것은 쉽지 않다. 그러나 창업 후 실패의 늪으로 빠져들지 않기 위해서는 자신의 창업 아이템에 대한 시장성과 상품성, 잠재적 성장 가능성과 지속발전 가능성을 반드시 고려해야 한다. 단지 유행아이템은 배제해야 하고, 유망아이템을 찾아야 한다는 단순한 논리도 주의해야 한다.

"지금 뜨는 업종이 무엇인가요?"라거나 "어떤 아이템으로 창업에 성공할 수 있을까요?"라는 질문을 자주 받는다. 막연하게 창업을 꿈꾸는 예비창업자라면 어떤 업종분야에서 어떤 아이템으로 시작해야 할지에 대해 쉽게 결정하기 어렵다. 그런가 하면 오랜 기간 전문성을 바탕으로 자기 분야에 대한 지식과 기술, 현장 경험을 가지고 창업을 준비 중인 경우라도 자신이 생각하고 있는 아이템이 시장성을 가지고 매출과 수익을 올릴 수 있을지에 대해 고민이 깊어질 수밖에 없다. 더구나 요즘 같은 시기에는 더욱 그럴 것이다. 글로벌 경제 상황과 맞물린 역동적이고 불확실성이 높아진 시대적 흐름과 물밀듯 쏟아지는 창업 정책으로 인한 창업 열풍으로 시장의 경쟁이 점점 심화되고 있기 때문이다. 거기에 AI를 적용한 기술의 발전으로 하루가 다르게 진보하여 자고 나면 새로운 기술과 새로운 제품이 새로운 시장을 형성하는 꼴이다. 어떤 아이템으로 창업해야 성공할 수 있을지, 지속가능한 경영이 가능할지 의문을 가진 채 불안한 것은 당연하다.

한편, '유행아이템을 좇지 말고 유망아이템을 찾아라.'라는 말이 있다. 창업 아이템을 크게 '유행아이템'과 '유망아이템'으로 나누기도 한다. 한마디로 구분하자면 말 그대로 지금 인기가 있는가, 앞으로 전망이 있는가에 대한 기준이다. 즉 유행아이템은 현재 시장에서 인기가 많거나 특정 시기나 장소, 특정 고객 등 트렌드에 따라 수요가 급증하는 제품이나 서비스를 말한다. 이런 유행아이템은 시장에서 일시적인 인기가 높아 짧게는 수개월에서 1년, 길어야 2~3년 정도 단기적으로 매출과 수익이 높게 나타날 수 있으나, 그 유행이 지나가면 수요가 감소하여 매출 저하로 이어질 수 있다. 이에 비해 유망아이템은 현재보다는 미래의 수요가 예상되어 장기적인 성장 가능성이 있는 제품이나 서비스를 일컫는다. 그러므로 유망아이템은 현재의 시장에서 인기나 유행보다는 시장 동향과 기술의 발전, 고객의 요구 등을 다각적으로 고려하게 된다. 시장진입 속도는 느리지만, 일단 고객창출이 시작하면 매출의 가파른 상승이 나타난다. 이후 적어도 3~5년 이상 10년 정도 지속적인 수요를 기대할 수 있고, 장기적인 시각에서 성장 가능성과 지속가능한 비즈니스를 구축해 나갈 수 있게 될 가능성이 크다.

 그런데 실제 창업 현장에서 유행아이템과 유망아이템을 명확하게 구분 지어 찾아낸다는 것은 쉽지 않다. 그러나 창업 후 실패의 늪으로 빠져들지 않기 위해서는 자신의 창업 아이템에 대한 시장성과 상품성, 잠재적 성장 가능성과 지속발전 가능성을 반드시 고려해야 한다. 하지만 유행아이템이기 때문에 배제해야 하고, 유망아이템을 찾아야 한다는 단순한 논리도 주의해야 한다. 가능하면 성공 가능성이 높은 유망아이템을 찾아내서 그것을 사업 모델로 만들고 키워 가야 하는 것이 당연하다. 그러나 너무 먼 미래의 가능성만 지나치게 낙관적으로 예측하는 것은 위험하다. 시장이 언제 열릴지 모르고, 아예 시장 개척을 하지 못해 상품가치가 없어져 사라지는 경우가 더 빈번히 일어나기 때문이다. 그런가 하면 현재 유행아이템이라고 해서 미래의 성장 가능성을 무조건 낮게 평가할 수만도 없다. 시장의 어떤 이유로, 미리 다 예측하지 못한 어떤 상황 변화로 인해 지속적으로 매출이 일어나며 오히려 상승할 수도 있기 때문이다.

따라서 필자는 이 장에서 유행아이템을 어떻게 활용하고, 또 유망아이템은 어떻게 발굴해서 성공 창업을 가능하게 할 것인지에 대해 말하고자 한다. 먼저, 유행아이템과 유망아이템을 구분하기 위해 좀 더 들어가 보자.

창업아이템, 즉 제품에도 일생이 있다. 바로 제품수명주기(PLC: Product Life Cycle)로 설명할 수 있는데, 대부분의 상품은 개발단계를 거쳐 생산된 후, 비로소 제품이 상품으로 탄생되도록 시장진입에 성공해야 하는 '도입기', 이후 시장성을 갖고 가파르게 매출이 오르는 '성장기'를 거쳐 시장에서의 성숙도가 최고조에 이르러 무르익은 '성숙기'를 지나면 머지않아 시장에서 더 이상 상품으로서의 가치가 떨어져 퇴출되고 있는 '쇠퇴기'에 접어든다. 물론 상품마다 그 수명 주기에 차이가 있다. 특히 거의 모든 산업 분야에서 급속도로 발전한 IT기술과 빅데이터 등의 적용, 그리고 시장의 경쟁이 포화도에 이른 아이템이 대부분이어서 도입기 이후 곧바로 쇠퇴기를 맞기도 한다. 심지어 판로개척도 아예 못한 아이템, 즉 상품으로서 고객에게 한 번도 선택받지 못하고 시장진출에 실패한 제품이 말할 것도 없이 부지기수다. 더한 경우는 아이템 단계에서 머무르다 겨우 시제품 단계에서 사라져 완제품 형태를 갖춰보지 못한 경우, 그리고 아이디어 수준을 벗어나지 못한 아이템들이 헤아릴 수 없다는 것도 이미 다 아는 사실이다.

이러한 제품수명주기는 보스턴 컨설팅 그룹이 개발한 전략평가 기법인 BCG매트릭스(BCG Matrix)에서도 나타나는데, 제품수명주기 4단계에 대해 각각 도입기를 '물음표(Question Marks)사업', 성장기를 '스타(Star)사업', 성숙기를 '현금젖소(Cash Cow)사업', 그리고 쇠퇴기를 '개(Dog)사업'으로 분류했다. 여기서 성숙기에 있는 현금젖소 사업은 높은 점유율로 이윤은 높지만, 앞으로 더 성장하기는 어렵다고 했는데, 그 이유는 이미 시장에서의 성숙도가 최고조에 이른 유행아이템으로 장기적으로 지속가능성은 낮기에 앞으로 기대되는 유망아이템이 아니라는 것이다. 차라리 그보다는 이제 막 도입기에 있는 신규 아이템, 즉 물음표사업이 상대적으로 아직은 낮은 시장점유율을 보이지만, 경쟁력을 강화한다면 추후 높은 성장 가능성이 있는 사업이 될 가능성이 크다고 본다. 그야말로 성공 가능성이 높은 유망아이템은 스타사업이라 할 수 있다. 하지만 다 그런 제품 수명주기를 따르지는 않는다는 점도 항상 기억해야 한다.

그런가 하면 지속가능성이나 더 이상 발전가능성이 없다고 판단되는 유행아이템도 잘 활용하면 유망아이템으로 다시 태어날 수 있다. 제품수명주기의 성숙단계 아이템이나 BCG매트릭스에서 현금젖소사업 아이템이라 할지라도 새로운 문제해결 방식을 위해 창의적 아이디어로 혁신한다면 가능해진다. 특히 의식주에 사용되는 기초적인 필수 아이템은 지금 유행하는 것이라도 앞으로도 꾸준히 시장성이 있을 확률이 높다. 단지 그 형태나 사용 방식이 변할 뿐, 제품의 본질적 내용이나 목적은 큰 틀에서 벗어나지 않는다. 시대적 감각과 소비자 트렌드에 맞는 기능이나 디자인을 변형하고, 그 시스템이나 프로세스를 혁신한다면 계속적인 유행아이템으로서 유망아이템이 될 수 있다. 이를 위해서는 시대적 흐름에 민감하게 반응하면서 새로운 콘셉트로 과감하게 변화해야 한다. 또 불편을 호소하는 고객의 소리에 귀를 기울이고, 불만 고객의 불평 속에서 개선할 아이디어를 얻는 것이 좋다.

그런데 창업자들은 앞으로 유망한 아이템은 무엇인지를 묻기 좋아한다. 그러나 딱 한 마디로 무엇이 유망하다고 단언할 수 없다. 섣불리 추측해서도 안 될 것이다. 다만, 굳이 요약하면 앞서 언급했듯이 시대적 흐름과 시장 트렌드를 반영해 볼 때, 어떤 산업 분야나 어느 업종의 아이템이든 다음 3가지 키워드인 '인공지능(AI), 헬스케어, 기후변화 대응'을 접목했을 때 유망해 보인다. 그것은 '인공지능(AI)' 즉 스마트 관련 아이템과 '헬스케어', 인간의 생명과 건강, 행복 관련 아이템, 그리고 '기후변화 대응' 관련 아이템이다. 이와 연관성 있는 기술이나 기능이 있는 제품이나 서비스의 소비재 또는 이를 생산하는 산업재가 앞으로 성장 가능성과 지속가능성이 높은 유망 아이템이라고 하겠다.

유망아이템 발굴을 위해서는 가능성 있어 보이는 수많은 창의적 아이디어들 중에서 가장 혁신적인 방법으로 실현 가능성이 높은 아이디어를 선택해야 한다. 그렇게 선택된 아이디어를 통해 고객문제를 해결하고, 기존 시장의 경쟁제품에 비해 차별화된 경쟁력으로 고객의 욕구를 충족시키도록 아이템을 혁신해야 한다.

그리하여 당신의 아이템으로 구현할 제품과 서비스를 고객이 이용할 때 지금까지와는 다르게 보고, 다르게 느끼고, 다르게 사용하고, 다르게 체험하게 해야 한다. 조금 더 쉽고, 편리하고, 유익하고, 재미있고, 아름답게 하자. 익숙해진 것에서 탈피해 낯설고 엉뚱한 것으로부터 새로움을 탐구하여 틈새시장(Market Niches)을 개척하는 것에 도전하자. 즉 성장 가능성이 높은 블루 오션(Blue Ocean)으로 나아갈 유망아이템으로 창업해야 한다는 것이다.

# 사업기획, 그리고 사업계획서 작성 노하우

: 창업자가 창업 초기 단계에서 성공 가능성을 높일 혁신적이고 창의적인 사업 구상으로 탄탄한 '사업기획'을 한 후, 세부적인 사업실행 과정이 구체적으로 명시된 '사업계획서'를 꼼꼼하게 작성한다면 성공 창업으로 한 걸음 더 가까이 다가설 수 있다. 사업기획을 하지 않고, 바로 사업계획서부터 작성하려는 경우도 많은데, 이러면 힘난한 창업, 실패하는 창업이 될 가능성이 높다. 성공 창업, 사업기획으로 시작하고 사업계획서로 구체화하자.

창업을 위한 아이디어 발상을 통해 성공 가능성이 높은 아이템을 선정했다면, 성공 창업을 위한 다음 단계로는 본격적인 사업 준비와 실행을 위한 계획을 해야 한다. 이 단계는 대부분의 창업자가 어려워하고 귀찮게 여기기도 한다. 하지만 전쟁터 같은 창업 환경에서 창업 성공을 위한 전략 수립과 전술 개발은 반드시 거쳐야 한다. 이 단계를 소홀히 하고 넘어간다면 전체적인 사업 내용과 규모 파악이 불가능하고, 중요한 요소들을 빠뜨리게 된다. 그러면 사업 진척이 어려워 실패 창업이 불 보듯 뻔하다. 이 단계에서는 창업과정에서 피할 수 없는 외부 자원의 협력을 얻기 위한 목적도 있으니 소홀히 해서는 안 된다.

이 과정은 크게 '사업기획'과 '사업계획'으로 나누게 된다. 창업자가 창업 초기 단계에서 성공 가능성을 높일 혁신적이고 창의적인 사업 구상으로 탄탄한 '사업기획'을 한 후, 세부적인 사업실행과정이 구체적으로 명시된 '사업계획서'를 꼼꼼하게 작성한다면 성공 창업으로 한 걸음 더 가까이 다가설 수 있다.

그러면 사업기획과 사업계획에 대한 이해와 주요 차이점과 기능에 대해 간략히 알아보자.

먼저 사업기획은 창업을 위해 기초를 설계하는 과정으로 사업개발을 하는 것이다. 창업자가 자신이 발굴한 아이디어나 최종 선정된 아이템에 대해 사업화를 위한 뼈대를 만들고 밑그림을 스케치하는 초기 단계의 과업이다. 이 단계에서는 창업 아이템의 사업화 가능성을 진단하기 위한 기초분석을 하며 구체화를 위한 사업개요로 기본 틀을 만드는 설계를 한다. 이때 사업의 배경과 필요성 및 사업목적을 정의하는 것이 가장 중요하다. 왜냐하면 그것이 창업하는 이유이고, 제품을 개발하는 목적이며, 결과적으로는 제품가치를 정의하는 것이 되기 때문이다. 그리고 그 제품가치는 곧 차별화된 경쟁력을 의미하며, 고객창출과 수익을 가져다줄 핵심 요인인 것이다. 또 대략적으로 어떤 자원을 활용하고 확보할 것인지, 예상 비용과 매출 등에 대해 예측함으로써 사업타당성을 평가하고, 시장 조사를 수행하며, 비즈니스모델 개발 등 성공적인 창업을 위한 전략을 구상한다.

다음은 사업계획이다. 사업계획은 사업기획을 기반으로 실행계획을 수립하는 것으로, 사업의 구체적인 목표와 지침이 나타나 마치 사업성공을 위한 나침반 같은 역할을 한다. 이렇게 창업에 필요한 전반적인 사항을 세부적으로 기록하는 문서를 사업계획서라고 하며, 성공 창업을 위한 가이드이자 매뉴얼이 된다. 또 자금 확보나 협력을 위한 제도나 자원 활용을 위해 없어서는 안 될 필수도구이며, 기업의 내부 구성원들이 사업 목표와 비전을 함께 공유하고 성공전략을 수립하여 실행해 나가기 위한 커뮤니케이션 통로가 된다. 그러므로 사업계획서에는 창업아이템에 대한 명확한 정체성이 실체적으로 드러나야 하며, 창업에 대한 객관적인 실행계획이 빠짐없이 들어있어야 한다. 따라서 그리 간단하고 쉽게 작성할 수 있는 것이 아니라, 오랜 기간에 걸쳐 충분한 준비와 많은 노력이 요구되어 쉽지 않은 작업이다. 싫지만 반드시 해야 한다.

그렇다면 성공 창업의 근간이 될 탄탄한 사업기획과 꼼꼼한 사업계획서 작성을 위해서는 어떤 전략이 필요하고, 또 어떻게 해야 하는지 핵심사항들을 조금 더 구체적으로 살펴보겠다.

차별화되고 경쟁력 있는 사업기획을 위해서는 얼마나 창의적인 아이디어로 혁신적인 사업화전략을 담아낼 것인가에 초점을 맞춰야 한다. 그것이 곧 그 사업기획의 경쟁력이 되기 때문이다. 그런데 사업기획은 너무 깊고 자세하게 들어갈 필요까지는 없다. 세부적이고 구체적인 후속 작업인 사업계획수립을 위한 선행 작업으로, 사업화를 위한 전반적인 개요와 필수적인 요소들에 대한 개념요약만 잘 되어 있으면 된다. 너무 완벽한 사업기획을 하려는 욕심을 부리며 시간을 낭비할 필요가 없다는 것이다. 부족한 부분은 이후 사업계획 수립과정에서 보완하면 되고, 어차피 그러한 과정에서 사업기획단계의 일정 부분이 수정되거나 변경될 가능성이 크다. 그러므로 자신의 아이템을 어떠한 사업전략으로 창업에 성공하겠다는 것인지 요약한다는 정도로 기획하면 된다.

그러나 위의 말은 대충대충 적당히 해도 된다는 뜻은 결코 아니다. 간략하지만 창업배경과 성공의지를 명확하게 드러낼 수 있어야 하고, 고객문제해결을 위한 핵심솔루션, 즉 제품이나 서비스의 차별화된 가치를 정의하는 것이 가장 중요하다. 또 제품과 서비스의 생산을 위해 필요한 자원과 자금에 대한 규모, 시장 규모와 예상매출 및 수익성 예측 등이 간결하지만 설득력 있게 나타나야 한다. 그래서 누가, 언제, 어디서, 무엇을, 왜, 어떻게 사업화하겠다는 것인지 창업자 자신은 물론 누가 보아도 한눈에 알아볼 수 있도록 정리되어야 한다. 사업기획을 하지 않고, 바로 사업계획서부터 작성하려는 경우도 많은데, 이는 마치 산이나 숲 전체를 모른 채 계곡이나 나무를 먼저 보는 격으로 목표가 없고 길을 잃어 헤매기 쉬우며 그렇게 하다 보면 엉뚱한 방향으로 빠져서 험난한 창업, 실패하는 창업이 될 가능성이 높다. 사업 수행계획을 하나하나 수립하기 위한 성공적인 사업계획서 작성을 위해서라도 사업기획은 꼭 해야 하는 창업실무이자 본격적인 창업 개시 작업이다.

다음은 사업계획서 작성에 대한 핵심 노하우를 요약해 보겠다. 사업계획서를 작성한다고 사업실행 과정에서 다 그대로 적용되지는 않을 수 있으며, 상황에 따라 수정과 변경이 필요해지는 것은 당연하다. 그러나 시쳇말로 여행을 가더라도, 행사를 하더라도 계획을 짜지 않는가? 그리고 그 계획이 현실성 있고 구체적일수록 알차고 가치 있는 여행이나 행사로 성공할 수 있지 않겠는가? 창업은 더 그렇다. 앞서 언급한 바와 같이 사업실행 전, 사업계획을 수립한다는 것은 사업을 더 성공적으로 이끌어가기 위한 든든한 장치가 될 것이며, 시종일관 모니터링 기준이 되어 줄 것이다.

사업계획은 창업자가 사업기획을 기반으로 실제 사업을 수행하기 위한 로드맵을 수립하는 것이다. 그러므로 사업계획서에 들어갈 핵심 요소는 첫째, 시장 분석에 따른 타깃고객과 예상 매출·수익규모, 둘째, 제품 또는 서비스의 핵심 가치 및 핵심솔루션과 개발 및 생산, 셋째, 판로개척을 위한 마케팅 전략, 그리고 넷째, 재무 계획 등이다. 이를 다시 요약해 표현하자면 창업 아이템 개발 필요성과 기술성, 시장성, 수익성이며, 사업추진 세부일정에 따른 자금 소요 및 조달 계획, 그리고 창업자의 전문성과 팀 역량 등이 가장 중요한 항목이다. 이러한 요건들을 제대로 갖추었다면 성공 창업을 위한 지원제도나 투자자 확보도 한층 수월하게 이뤄진다.

먼저 창업 아이템의 개발 배경 및 필요성은 창업에 대한 의도와 목적을 명확히 담아야 한다. 어떤 계기와 이유로 이 아이템을 선정하게 되었고, 이루고자 하는 목표는 무엇인지 창업 의지를 강조한다. 특히 고객의 문제를 발견하고, 고객의 욕구를 어떻게 충족시켜

주겠다는 것인지를 핵심적으로 나타내야 한다.

다음은 창업 아이템의 기술성이다. 아이템에 들어갈 기술에 대해 새롭고 창의적인 혁신성과 독창성을 강조해야 한다. 그리고 기술을 구체적으로 어떻게 제품이나 서비스에 구현할 것인지에 대한 현실적인 방안이 들어 있어야 한다. 그 기술적인 분야의 전문가가 보아도 이견이 없어야 하고, 비전문가가 보아도 쉽게 이해할 수 있도록 하는 것이 좋다. 그리고 기술의 혁신성과 독창성 인정 및 권리 확보를 위한 방어 전략으로 특허, 지식재산권(Intellectual Property) 획득이 필수적이다. 특허전략은 시장 경쟁력 강화에도 큰 힘을 발휘한다.

다음은 창업 아이템의 시장성이다. 이는 시장에서의 판로개척과 시장진출, 그리고 고객창출 가능성을 확인시켜 줄 상품성, 사업성에 대한 내용이다. 특히 다른 유사아이템과 비교해 경쟁우위는 무엇이며 타깃고객은 누구이며 어떻게 공략할 것인지, 마케팅 전략을 현실성 있고 구체적으로 명시해야 한다.

물론 이러한 기술성과 시장성에 대해서는 사업추진 과정에서 알파 테스트(Alpha Test)라는 프로토 타입(Prototype) 테스트와 베타 테스트(Beta Test)라는 최종검사를 통해 본격적으로 검증단계를 거친다. 간략히 알아보면, 알파 테스트는 시제품 단계의 테스트 즉 기업 내부에서 이루어지는 1차 테스트이고, 베타 테스트는 공식적인 제품으로 상용화하기 전 실시하는 제품 검사 작업, 제품의 결함 여부, 제품으로서의 가치 등의 평가를 위해 선발된 잠재고객을 대상으로 일정 기간 무료로 사용하게 한 후에 나타난 여러 가지 오류를 수정, 보완하는 절차다. 굳이 R&D제품이 아니고, 단순한 아이디어 상품 등과 관련된 일반 창업이라 해도 가벼이 여길 단계가 아니다. 이러한 제품 개발과 테스트 과정은 시장성과 수익성 증대를 위해 반드시 거쳐야 할 과정이다.

또 매출규모에 따른 수익성을 담보할 수 있는지 근거를 제시하며 설득력 있고 신뢰감을 줘야 한다. 사업타당성 분석을 토대로 경제성이 없다고 판단되는 아이템은 미리 포기하는 편이 낫다. 아니면 사업기획부터 다시 시작하고, 경제성과 수익성을 보장할 수 있도록 사업계획을 수정하고 보완해야 한다.

그리고 사업추진 일정을 창업 기업의 상황에 맞게 설정하고 이에 따른 자금 소요 및 조달 계획이 있어야 한다. 창업을 성공시키기 위해 가장 적절한 세부추진 일정계획을 세우고, 그에 필요한 항목별 소요자금을 산출, 총자금 규모 파악과 자금 조달에 대한 방법을 수립해야 한다. 제품이나 서비스의 개발 및 기초설계, 시제품 제작 여부나 시험 테스트 결과, 양산 개발 등 사업추진 일정을 무리하게 잡지 않도록 주의하고, 자금 문제로 중도 포기하지 않도록 충분히 확보할 수 있는 자금계획이 필수적이다.

끝으로 창업자와 창업 팀의 역량이다. 창업자의 전문성은 아이템과 관련된 지식과 기술, 경험 및 경력이 어느 정도인지를 나타내는 것이다. 또 창업자와 함께 사업을 만들어갈 내부 자원의 보유 정도와 외부 자원의 활용 능력 등을 통해 사업계획서의 실현 가능성, 즉 창업 성공 여부를 가늠해 보게 된다.

성공 창업, 사업기획으로 시작하고 사업계획서로 구체화하자.

EMOTIONAL

Part 2

# 마케팅, 차별화된 성공 비책

MARKETING

# 플러스 마케팅 vs 마이너스 마케팅

: 마이너스 마케팅이 되지 않고 플러스 마케팅을 하려면 무엇보다도 생산자 중심보다는 소비자 중심, 공급자 중심보다는 수요자 중심의 고객 중심 마케팅, 한마디로 표현하면 '고객 지향적 마케팅' 전략을 수립하고 실행해야 한다. 고객이 투자한 노력과 지불한 비용에 대비하여 기업은 그 이상의 가치를 제공하여 기쁨을 얻게 하는 플러스 마케팅을 해 나가야 한다.

'고객의 선택을 후회하게 하지 말라!'

'고객의 삶에 플러스하라!'

필자가 창업을 준비하며 성공 창업을 꿈꾸는 창업자에게 마케팅 전략을 이야기할 때 가장 많이 쓰는 말이다. 기업이 제공하는 제품이나 서비스의 가치를 통해 얻는 '고객의 성공은 곧 기업의 성공'이다. 따라서 고객의 삶에 새로운 혜택을 더하는 '가치 플러스'를 창조해 낼 수 있는 아이템은 성공 가능성이 높다. 창업에 성공하기 위한 비즈니스모델 개발과 사업전략에서 중요한 마케팅 포인트다.

마케팅이란 시장에서 고객에게 제품이나 서비스를 효율적으로 제공하기 위한 기업의 체계적인 경영 활동이다. 미국의 경영학자 피터 드러커는 이를 다음과 같이 정의했다.

'마케팅의 목적은 소비자들의 충족되지 못한 욕구를 발견하고, 그것을 충족시킬 방법을 마련하여 판매를 필수 불가결하게 하는 것.'

즉, 마케팅은 고객의 문제를 해결해 그들의 욕구를 충족시켜 나가는 모든 과정이라고 하겠다. 따라서 창업아이디어 발굴과 아이템 선정 단계부터 이미 마케팅 개념을 바탕에 깔고, 시장 조사 및 고객 분석, 상품화 계획, 홍보 및 영업, 판매 등에 이르기까지 사업 전반에 걸쳐 마케팅 콘셉트를 어떻게 설정하고 녹여 낼 것인지 항상 고민하고 적용해야 한다. 그럼으로써 고객에게 효과적으로 최대의 만족을 주면서 기업의 사업목적을 가장 효율적으로 달성시키는 것이 마케팅의 목표다.

  따라서 기업의 부정적 마케팅 결과로 빚어지는 마이너스 효과는 곧 기업의 생존과 성장에도 마이너스가 된다. 아이디어 발굴 단계에서부터 고객의 문제에 대해 올바르지 못한 인식으로 출발한다면 마케팅의 첫 단추부터 마이너스다. 또 의도적이든지 의도적이지 않든지를 막론하고, 문제해결 접근 방식과 과정에 대한 오류나 확인되지 않은 리스크를 덮어둔 채 고객을 속이려 해서는 절대 안 된다. 또 실제로는 고객 문제해결에 도움이 되지 않거나 잘못된 솔루션임에도 불구하고 이를 과대 또는 축소해 홍보하거나 착각을 일으켜 왜곡하는 영업을 해서는 더욱 안 된다. 잠시 성공하는 것 같은 착시현상을 가져올 수는 있어도 지속적으로 이어지기는 어렵다. 그런가 하면 고객이 불편을 감수하면서 제품과 서비스를 구매하고, 고통을 인내하면서 이용하도록 방치하거나 모른 척하지 말아야 한다. 적어도 고객이 투자한 시간과 노력에 비해 손해 봤다는 생각은 갖지 않도록 해야 한다. 그러한 마케팅은 단기간이든 장기간이든, 그 규모가 작든 크든, 언젠가는 기업에 손실을 가져올 것이며, 때로는 치명타가 될 것이다. 많은 자원과 시간을 투입해 홍보와 광고, 영업을 한다고 해도 부정적 성적표를 받아 들게 된다. '고객의 실패는 곧 기업의 실패'가 된다는 말이다. 필자는 이를 '마이너스 마케팅'이라고 일컫는다.

반대로 기업은 고객이 제품이나 서비스를 선택한 결정이 옳았음을 믿게 해주고, 구매 후 끝까지 그 확신을 갖게 해야 한다. 고객이 투자한 노력과 지불한 비용 대비 그 이상의 가치를 제공하여 기쁨을 얻게 해야 생존 가능한 성공 창업과 지속가능한 기업 성장의 길이 열린다. 고객은 기업의 수단이 아니라 목적이다. 그래서 기업의 목적인 이윤 추구 이전에 고객의 목적인 만족을 우선하도록 '플러스 마케팅'을 해 나가야 한다. 고객이 행복하면 기업도 행복해진다.

마케팅의 출발점은 시장에 존재하는 문제발견, 고객이 가진 현재의 불편함을 개선하려는 의도로부터 시작된다. 그것은 삶의 의식주와 관련된 생활의 전 분야에서뿐만 아니라 그와 관련된 모든 산업 분야에서 찾을 수 있다. 예를 들어 은행 업무를 보면 본점에서 각 지점으로 다시 현금지급기, 그리고 인터넷뱅킹, 폰뱅킹, 스마트페이 등으로 이어지며 진화해 온 것처럼 이전 단계에서 고객이 느끼는 불편함을 제거하고 편리함을 제공하는 문제해결 방식을 찾아온 것이다. 이와 비슷한 예로서 재래시장에서 슈퍼마켓, 마트, 편의점, 홈쇼핑, 온라인쇼핑, 나아가 스마트폰 하나만 있으면 모든 거래가 가능해지는 변화 과정이다. 이 역시 고객에게 더 쉽고 편리한 서비스를 제공하며 고객의 라이프사이클에 새로운 가치를 창출해 플러스가 되는 마케팅 원리를 적용한 것이다.

물론 이렇게 진화하며 사업모델이 변화하는 과정에서 이전에 없던 새로운 불편감이 발생하기도 하지만, 이에 대한 대안과 대응책이 수반되어 역기능보다는 순기능으로 작용하게 해야 한다. 또 어느 업종, 어떤 아이템을 막론하고 전반적인 산업 분야의 기술발달과 IT정보기술 및 사회시스템의 발달과 변화에 적응하고 활용하면서 가능해진 결과다. 이를 좀 더 살펴보면 1차에서 2차를 거쳐 3차 산업 전반에서 기존 시장에 존재하지 않은 제품과 서비스를 공급하는 '새로운 시장', 새로운 기술로 새로운 제품과 서비스를 제공하는 '새로운 기술', 그리고 개선된 방식으로 기존 제품과 서비스를 제공하는 '새로운 혜택'이라는 마케팅 차별화 전략으로 구분해 볼 수 있다. 그 결과 고객에게 '새로운 시간'과 '새로운 공간', '새로운 사람'으로서의 가치를 창출해 고객의 삶에 플러스 효과를 가져다주는 것이다. 이와 같이 고객들이 제품이나 서비스에서 비롯되는 불편함을 감수하면서 인내하던 고통을 덜어 주고 그 불편을 해소해 주기 위해 마케팅 측면에서 플러스 요소가 많을수록 사업화에 성공을 거두며 지속적인 발전을 하게 된다.

이렇게 마케팅은 고객의 잠재적인 욕구를 자극하여 표면상으로 이끌어내는 행위나 수요를 찾아내고, 구매를 일으키는 일련의 과정에서 고객과 소통하는 모든 활동을 플러스 효과를 얻도록 진행해야 한다. 또 산업 분야 내 동종업계의 경쟁자들에 대해 경쟁우위 요소를 강조함으로써 그들을 시장에서 배제하는 행위나 아예 진입을 막는 장벽을 만드는 방어 전략도 성공 창업을 위한 플러스 마케팅 전략이다.

마이너스 마케팅이 되지 않고 플러스 마케팅을 하려면 무엇보다도 생산자 중심보다는 소비자 중심, 공급자 중심보다는 수요자 중심의 고객 중심 마케팅, 한마디로 표현하면 '고객 지향적 마케팅' 전략을 수립하고 실행해야 한다.

지금 당신의 사업 분야나 업종이 무엇이든 아이템이 어떤 것이든 가릴 것 없이, 생존하고 성장하며 오래 지속하고 싶으면 고객을 최우선에 두는 마케팅 전략으로 고객을 신나게 해야 한다.

## 2

# 마케팅 키워드,
# 시장 트렌드에 주목하라

: 생산자 입장에서 개발과 생산, 판매를 주도하는 것이 아니라 시장의 흐름, 고객의 니즈를 우선시하는 것이다. 고객이 필요로 하는 아이템, 시장이 요구하는 제품이나 서비스가 생존 가능성이 높다. 전통적인 마케팅 관념인 '만들어 놓고 파는 것'이 아니라, 진보된 마케팅 개념으로 '팔릴 것을 만들어야' 한다. 더 나아가 뉴마케팅 기법대로 '이미 팔아놓고 만들어야' 창업 시장에서 살아남을 수 있다.

'돈이 없어도 살 것은 산다.'

'나만의 방법으로 구매한다.'

이는 역설적이면서도 합리적인 지금의 소비 트렌드를 압축한 표현이다. 시장진입을 앞두고 있거나 이미 진입한 시장에서 생존과 성장을 위한 비즈니스 전략을 구상 중이라면 이러한 시장 트렌드를 마케팅 키워드로 삼아야 창업시장에서 생존에 유리하다. 이는 단지 소비재에 국한된 시장뿐만 아니라 산업재 시장에서도 크게 다르지 않다. 장기적인 경기불황과 불안정한 경영환경으로 인해 과감한 투자나 무리한 도전보다는 핵심시장을 겨냥하거나 고객을 확보해 둔 제품이나 서비스를 개발하는 추세가 늘어난다. 예전처럼 생산자 입장에서 개발과 생산, 판매를 주도하는 것이 아니라 시장의 흐름, 고객의 니즈를 우선시하는 것이다. 고객이 필요로 하는 아이템, 시장이 요구하는 제품이나 서비스가 생존 가능성이 높다는 말이다. 소비재라면 고객이 그 제품이나 서비스를 반드시 필요하게 하거나, 소비하지 않으면 안 되게 만들 수 있는 아이템, 산업재라도 그 아이템이 없다면 사업이 불가능하다거나 더 많은 이익을 창출할 수 있도록 만드는 제품이나 서비스라면 이미 판로개척과 시장진출이 이뤄졌다고 볼 수 있다. 전통적인 마케팅 관념인 '만들어 놓고 파는 것'이 아니라, 진보된 마케팅 개념으로 '팔릴 것을 만들어야' 한다. 더 나아가 뉴마케팅 기법대로 '이미 팔아놓고 만들어야' 창업시장에서 살아남을 수 있다.

또 시장은 이미 제품과 제품, 기업과 기업, 국가와 국가 간의 비즈니스 경계선이 없어져 융합과 협업을 통한 새로운 비즈니스모델을 창조해 시시각각 변화하고 있다. 이러한 경제의 흐름과 시장 트렌드 속에서 발 빠르게 대응하지 못하는 경영 방식으로는 쇠락과 퇴출의 길로 들어설 수밖에 없다. 즉, 생산자와 소비자, 판매자와 구매자 사이에서 활발한 상품의 거래가 이뤄지는 '살아 있는 시장'이 아니라 소비자와 구매자는 없고 생산자와 판매자만이 존재한다면 '죽어 있는 창고'에 머무르고 만다. 실제로 흔적도 없이 사라지는 아이템, 폐업하는 경우가 부지기수다.

그러므로 생명력 있는 시장 기능을 위해서는 소비자 행동 방식, 고객의 구매 행동, 즉 구매 의사결정 과정을 파악하는 것이 마케팅 전략에서 가장 우선해야 할 가이드라인이다. 특히 지금처럼 수년 동안 지속된 경제 불황과 저성장 환경 속에서도 시장에 공급되는 제품이나 서비스는 폭발적으로 늘어나고, 상상을 초월할 정도로 하루가 다르게 진화된 아이템들이 예측을 넘어 쏟아져 나오고 있다. 그에 따른 구매 정보의 양은 갈수록 많아지고, AI와 IT 기술이 발달하면서 이를 접목한 마케팅 기법이 보편화되고 있다. 이에 따라 다양한 플랫폼과 채널을 통해 제품이나 서비스에 대한 광폭적인 홍보와 광고를 공격적으로 하고 있다. 따라서 고객의 구매 패턴이나 소비 트렌드에 대해 미리 예측하며 실시간으로 파악하고 반영하여 시장을 선도할 수 있어야 성공하는 창업, 지속가능한 비즈니스를 만들 수 있다.

그렇다면 지금 우리가 주목해야 할 시장 트렌드를 대표하는 키워드에는 어떤 것들이 있을까? 이 또한 다양성과 역동성을 지니고 있어서 한마디로 단정할 수는 없다. 다만, 최근 주요 이슈로 떠오른 글로벌 경제 트렌드 및 시장을 주도하는 소비 트렌드 등을 살펴봄으로써 그 변화 추세와 시장 트렌드 양상을 알아보자.

세계의 기업, 경제, 언론, 정치 분야의 리더들이 매년 초 모여 세계 경제를 연구하는 토론하는 경제회의, 스위스 다보스포럼(Davos Forum), 세계경제포럼(WEF: World Economic Forum)의 주요 의제를 보면 세계 시장의 주요 이슈와 흐름을 알 수 있다. 2024년 세계경제포럼의 3가지 의제는 '기후변화 대응 및 지속가능한 발전', '경제 불평등 해소 방안 및 글로벌 협력', '디지털 전환과 기술의 혁신'이었다. 무엇보다도 '기후변화'와 '디지털'이 가장 눈에 띄는 핵심 키워드다. 실제로 산업 분야마다 기후변화 대응을 위한 저탄소정책, 녹색경제의 적용을 우선시하면서 이와 관련된 아이템들의 연구개발이 활발히 이뤄지고 제품이나 서비스로 출시되고 있다. 기후위기는 지

구상 모든 인류가 직면해 있는 공통적이고도 위협적인 요소로, 협력하며 해결해야 할 공동 이슈이기 때문이다. 이른바 저탄소 녹색기술, 그리고 이와 연관된 제품이나 서비스가 글로벌 공급망을 타고 세계적인 무역시장에 회오리바람을 일으켜왔다. 그리고 이러한 제품과 서비스의 연구개발, 생산판매, 소비 등에 디지털 기술의 혁신, 4차 산업혁명으로 인해 가치사슬(Value Chain) 전반에 걸쳐 대혁명이 가속화되고 있다. AI는 공급자와 수요자, 생산자와 소비자에게 동시에 급속도로 발전된 기술혁신의 혜택을 가져다줄 뿐만 아니라, 위협 요소로 작용하는 것도 사실이다. 2025년 세계경제포럼의 3가지 의제도 'AI', '지정학적 역학의 변화', '기후변화'라고 하니, 이러한 위협 요소에 따른 혼란과 위기는 국내외를 막론하고 글로벌 경제 트렌드의 가장 큰 이슈로서 앞으로도 상당한 기간 동안 계속될 것으로 보인다.

소비 측면에서는 고가와 저가의 양분화된 시장이 지속되고 있다. 합리적인 가격이라고 인식되었던 중간가격이 사라진 것이다. 여전히 프리미엄 브랜드와 고가전략은 시장에서 그 자리를 굳건히 지키고 있다. 세계적인 명품이나 국내의 고품질 고가격 아이템은 원자재 등 생산비용 상승이나 세계적인 인플레이션으로 인해 오히려 가격이 더 상승하며, 시장 성장세를 나타낸다고 한다. '더 좋은 품질로',

'더 우수함 기능으로', '더 고급스럽게', '더 비싸게', '더 마니아층으로' 다가서는 마케팅 전략을 펼친다.

그런가 하면 그와는 대척점 시장 트렌드 용어가 '듀프 소비'다. 'Dupe(듀프)'는 'Duplicate(복제품)'의 줄임말인데, 비슷한 디자인이나 기능을 가진 저렴한 대체품이라고 정의할 수 있다. 최근 유럽과 미국의 화장품 매출보다 한국의 화장품 매출이 더 높다는 통계가 있다. 예를 들면 수십에서 수백만 원짜리 '에르메스'나 '샤넬' 같은 고가의 명품 화장품과 비교해도 크게 다를 것 없이 유사한 성분과 효과가 있는 몇만 원대 화장품이 '듀프'상품이다. 원료와 기능, 기술력에서 품질을 앞세우며 국내외적으로 젊은 층을 공략한 K 화장품이 불경기와 소비위축을 뚫고 세계적으로 여성 고객들을 사로잡은 것이다. 이는 의류, 가방 등 패션을 넘어, 음식, 생활용품, 가전에 이르기까지 폭넓은 소비 트렌드로 확장하고 있다.

이는 '가성비 소비'와도 유사한 현상으로 연결될 수 있는데, 단순히 값이 저렴한 것이 아니라, 기능성과 편의성도 함께 고려하는 것이 특징이다. 즉 구매 시간과 구매과정에서의 편리함, 단순하지만 생활의 즐거움이나 유익함을 주는 감성을 더한 '가심비 소비'가 결합되었다고 볼 수 있다. 이러한 소비 트렌드를 선도적으로 이끄는 대표적인 예가 바로 다이소가 있다. 그곳에서는 '세상 모든 제품을 초저가로 싸게 살 수 있는 곳으로 소비자에게 각인시키며 취급 제품 카테고리를 공격적으로 늘려가고 있으며, 생활용품을 넘어 건강기능식품·뷰티·의류·공식품류까지 판매하고 있다. 이는 경기 불황 속 소비 트렌드와 딱 맞아떨어져, 그야말로 소비자를 휩쓸 듯 끌어모은다. 그 외에도 온라인 쇼핑몰, 배달앱, 숙박앱, 편의점, 그리고 저가 커피전문점 등이 시장을 주도하고 있다. 고객들은 이러한 소비 패턴으로 '더 합리적으로', '더 편리하게', '더 즐겁게', '더 의미 있게', '더 똑똑하게', '더 저렴하게' 소비하는 것이다. 요즈음 이러한 현상을 일컬어 '아보하' 소비라고 한다. 이는 서울대학교 소비트렌드 분석센터가 선정한 2025 소비트렌드 중 하나로 3고(高), 고물가·고환율·고금리 시대에 특별함을 추구하기보다 소박하고 평범한 일상에 만족한다는 '아주 보통의 하루'를 위한 소비현상이다. 바쁜 일상 속에서도 간단하고 편리하게 심신의 건강을 위한 '아보하 제품'들이 건강기능식품, 생활용품, 패션, 리빙, 뷰티, 헬스케어 등의 유통업계에 봇물처럼 쏟아져 나와 소비자들의 관심을 끌고 지갑을 열게 한다.

또 하나의 주요 시장 트렌드는 '가치 소비'이다. 이는 일종의 '감성 소비'라고 하겠다. 즉 자신의 소비 행동에 대해 사회적 의미를 부여하며 가치 있다고 판단되면 목적 있는 구매와 소비를 한다는 것이다. 최근에는 개인적인 가치 소비보다도 사회적인 공통 이슈, 예를 들어 ESG 관련 소비, 자신의 가치관과 이념에 부합되고 이와 관련해 소속된 그룹이나 단체 등에서 이뤄지는 소비활동이 매우 활발하다.

그러므로 창업자들은 '무엇을 만들 것인가, 왜 만들 것인가, 어디에 팔 것인가 그리고 어떻게 팔 것인가'에 대해 충분히 고려해야만 시장진출에 성공할 수 있다.

# 신제품기획의 비책과
# 성공적인 그레이드 전략

: 신제품 기획을 위해 고객의 니즈와 시장의 트렌드를 파악하여 혁신적인 솔루션으로 차별화되고 경쟁력 있는 가치 제공을 최우선 목표로 삼아야 한다. 이러한 신제품 기획을 성공적으로 하기 위해 수행해야 할 가장 중요한 과정으로는 가장 먼저 '시장조사'를 통한 '아이디어 도출'이 있고, 그다음으로 '아이템 선정', 그리고 '제품 연구개발'과 '마케팅 전략수립'이 있다.

기업은 소비자의 요구와 변화하는 시장 트렌드에 대응하여 새로운 제품이나 서비스를 출시함으로써 경쟁력을 갖고 생존하면서 시장 점유율 확대와 매출 증대로 성장해 나가게 된다. 이러한 신제품 기획은 창업을 위한 사업기획에서 가장 핵심적인 성공 요인이며, 기존 기업에서도 영속적인 기업 경영을 위해 끊임없이 해야만 할 필수 과제이다. 혁신적인 아이디어를 발굴하여 성공 가능성이 높은 신규 아이템을 선정하고, 그에 대한 사업타당성 분석을 통하여 구체적으로 신제품 개발을 위한 로드맵을 수립하는 업무로서 창업을 위한 핵심 마케팅 전략이다. 따라서 신제품은 새로운 기술, 기능, 디자인 요소로 새로운 시장을 개척하기 위해 소비자의 관심과 흥미를 유발하고 판매 촉진을 위한 다양한 마케팅 전략을 사용하게 된다. 그러므로 어느 산업 분야든 고객의 새로운 가치창출을 위해 새로운 제품과 서비스를 제공하고 이를 경험하게 하며, 이를 통해 기업은 혁신과 성장의 기회를 얻는다. 창업자로서는 반드시 신제품 기획에 성공해야만 하는 절박한 이유다.

따라서 창업자는 신제품 기획을 위해 고객의 니즈와 시장의 트렌드를 파악하여 혁신적인 솔루션으로 차별화되고 경쟁력 있는 가치 제공을 최우선 목표로 삼아야 한다. 이러한 신제품 기획을 성공적으로 하기 위해 수행해야 할 가장 중요한 과정으로는 가장 먼저 '시장조사'를 통한 '아이디어 도출'이 있고, 그다음으로 '아이템 선정',

그리고 '제품 연구개발'과 '마케팅 전략수립'이 있다. 고객문제 인식과 고객니즈 파악, 그리고 시장 동향 파악을 위해 시장 조사와 분석을 하며, 이를 통해 어떤 솔루션과 기능이 담긴 신제품으로 고객에게 어떤 이익이나 혜택 등 가치를 제공할 것인지 그 방향 설정을 할 수 있다. 이 시장조사 결과를 바탕으로 앞서 언급한 '창의적 아이디어 발굴'과 '아이템 선정' 기법을 적용하여 다양한 아이디어를 도출하고, 사업타당성 평가 등으로 성공 가능성이 있고 가장 적합한 상품기획 아이템을 선정한다. 이때 사업타당성 분석에 반드시 고려해야 할 핵심 요소는 '기술성', '시장성', '수익성'이다. 혁신적이면서도 구현 가능성이 높으며, 장기적으로는 시장변화 예측에 따른 미래지향적 기술성 측면이 어떤지, 또 시장에서의 경쟁력을 갖추고 매출 증대 가능성이 있는 상품성을 갖추었는지, 그리고 투입 비용 대비 이윤 창출에 대한 경제성이 있는지를 꼭 따져봐야 한다. 그 후 최종 선정된 아이템에 대한 기술개발을 통해 제품 기능, 디자인, 편의성, 가격 등을 고려한 제품 콘셉트를 수립한다. 이에 따라 시제품을 제작하고 기능 및 안전성 검증절차를 마친 후 시장 테스트 등의 과정을 거쳐 완제품 생산과 본격적인 시장 출시를 하게 되는 것이다. 또 이를 위한 마케팅 전략을 수립하고 홍보 및 판매 촉진을 하는 것은 제품기획 단계부터 당연히 같이 수반되어야 한다.

이외에도 신제품 기획을 위한 다양한 전략들이 있지만, 조금 더 쉽고 성공적으로 적용하는 비책을 간단하게 설명하기 위해 두 가지 용어를 강조한다. 첫째는 '프로슈머(Prosumer)', 둘째는 '유사성(POP)과 차별성(POD)'이다.

먼저 프로슈머라는 마케팅 용어는 생산자(Producer)와 소비자(Consumer)가 결합되어 만들어진 신조어로 일명 '생산소비자'라고도 불린다. 제품을 개발할 때 소비자가 직간접적으로 참여하는 방식인데, 이 용어는 1980년 앨빈 토플러가 그의 저서 『제3의 물결』에서 처음 사용했다. 소비자가 직접 제품을 개발한다는 의미도 있지만, 그보다는 소비자가 자신의 문제를 적극적으로 어필하고, 그에 대한 구체적인 솔루션을 요구하거나, 제품 개발에 필요한 여러 가지 아이디어를 제안하고 기업이 이를 적극적으로 수용하는 방식이다. 중국의 샤오미가 마니아 고객들의 집단지성으로부터 나오는 혁신적인 아이디어를 기술로 개발하고 실제 제품에 적용한 경우가 있는데, 이러한 합리적인 고객관계 관리 비즈니스모델은 유명한 프로슈머 마케팅의 성공 사례다. 시장으로부터 받은 적극적인 피드백에 대한 개선책과 보완책을 제품과 서비스에 최대한 반영해 고객 확보와 매출 증대를 얻은 전략으로, '팔아놓고 만드는 뉴마케팅' 기법이다.

그리고 POP(Point of Parity, 유사성)와 POD(Point of Difference, 차별성) 개념이다. POP는 고객이 경쟁사와 비교해 동일성과 유사성을 가진 제품이나 서비스라고 느끼는 것을 의미한다. 이미 고객이 알고 있거나 사용하고 있는 기존 시장의 제품이나 서비스이면서, 동시에 그에 대한 불편함이나 문제점이 있다는 것이다. 이는 신제품이 고객에게 충족시켜야 할 기준이나 기대치, 즉 고객문제와 고객니즈를 파악하는 원천이 된다. 또 POD는 경쟁사의 제품이나 서비스와 어떤 차별성이 있는지, 즉 신제품의 강점과 특징을 말한다. 이것은 결론적으로 고객이 신제품을 사용하거나 소비하는 가장 핵심 요소이자 가치로서 이후에 언급할 포지셔닝 마케팅 전략이 된다. 최우선적인 경쟁 요소이며 고객이 신제품을 선택하고 구매하게 만드는 제품이나 서비스의 결정적인 필살기를 말한다.

다음은 신제품의 그레이드(Grade) 전략이다. 그레이드 전략이란 말 그대로 제품이나 서비스의 점진적인 단계별 전략이다. 신제품에 대해 다양한 제품 라인업을 구성하여 시장에서의 경쟁력을 강화하는 전략으로 시장에서의 점유율을 높이려는 방안이다. 그레이드 전략의 핵심은 '제품 라인업 구성'과 '다양한 가격전략'으로 제품기획을 하여 마케팅을 펼쳐가는 것이다. 즉 그레이드 전략은 단 하나의 제품, 단일 가격 출시가 아니라, 다양한 고객층을 대상으로 제품 라인업을 구성하고 그에 따른 다양한 가격전략을 적용하여 타깃고객층에게 가장 효과적인 마케팅 콘셉트와 마케팅 전략을 수립한다.

그리고 그러한 마케팅 전략에 따라 광고와 홍보 및 판매 촉진 계획을 실행하며 세일즈하는 것이다. 이를테면 자동차 회사에서 동시에 다양한 차종과 모델을 라인업하며 성별, 연령, 소득, 라이프스타일 등을 고려한 다양한 타깃고객을 설정하고 시장을 공략함으로써 신제품 출시와 매출 증대를 유리하게 펼쳐가는 것이다. 또 다른 쉬운 예로 햄버거 프렌차이즈 매장에서 다양한 원료로 제조한 햄버거 종류와 세트메뉴, 그에 따른 가격전략도 신제품기획과 출시의 성공을 위한 그레이드 마케팅 전략이다.

성공적인 그레이드 전략이 되기 위해서는 무엇보다도 신제품 기획단계에서 제품출시 목표설정을 명확히 해야 한다. 특히 시장조사를 통한 고객 분석과 경쟁사 분석이 성패를 결정하는 주요 요인이 된다. '경쟁 요소에 따른 회피' 및 '위협 요소에 대한 대응'과 함께 시장 트렌드에 따라 고객의 니즈와 취향, 선호도를 파악하여 신제품의 기술과 특징, 기능, 디자인, 가격 등을 통해 그러한 욕구를 새롭게 충족시킬 수 있는 혁신적인 가치를 제공해야 그레이드 전략을 성공시킬 수 있다.

그러나 창업 기업에 처음부터 다양한 그레이드 전략을 적용하기는 쉽지 않다. 최소기능제품(MVP: Minimum Viable Product) 하나를 제대로 개발하고 생산하는 것도 어려운 일이다. MVP는 제품의 많은 기능을 포함하지 않고, 핵심 기능과 특징을 우선적으로 개발하여 제품의 가치를 검증하는 것을 목적으로 하며, 이를 통해 제품 개발 비용을 절감하고, 시장진입 속도를 높일 수도 있다. 그런데 MVP는 제품 개발 초기 단계에서 고객의 요구와 선호도를 파악하고, 제품 개발 방향성을 결정하기 위해 고객의 피드백을 수집하는 과정에서 몇 가지 그레이드 전략 적용이 가능해진다. 오히려 그렇게 함으로써 판로개척과 시장진출이 수월해지고, 초기 고객창출이 유리해질 수 있으며, 신제품이 실제 시장에서의 반응과 매출 추이가 어떠한지 판단하는 데 큰 도움이 된다. 다만, 창업 자금이나 기업의 재정 규모를 고려해 소품종 대량생산, 다품종 대량생산보다는 소품종 소량생산, 다품종 소량생산으로 리스크를 최소화해 그레이드 전략을 적용해 보는 것이 안전하다.

# 판로개척 & 시장진출 세일즈 중점전략

: 전통적인 마케팅 원리와 기본 원칙을 충실히 지키고, 고객을 만족시킬 마케팅 전략의 핵심 요소들만 잘 갖추어도 판로개척에 충분히 경쟁력 있고 시장진출에 성공할 수 있다. 시장에서 적극적인 세일즈를 위해 몇 가지 질문에 대한 답을 명확히 준비하라. 잘 팔리는 상품이 되려면 고객이 구매하고자 하는 핵심가치와 선호도가 무엇인지, 그것을 어떻게 전달할 것인지를 구체화하라.

"고객에게 무엇을 떠오르게 할 것인가?"

마케팅에서 가장 중요한 질문 중 하나다. 기업이나 제품, 서비스에 대해 고객이 무엇을 우선적으로 고려할 것인가에 대한 얘기다. 이에 대해 세일즈 관점에서 좀 더 솔직한 표현을 쓰자면, "무엇으로 고객을 유인할 것인가?"라고 하겠다. 다시 말해 고객이 제품이나 서비스에 대해 마음을 열고, 스스로 찾게 만들 수 있는 핵심 가치는 무엇인가에 대한 질문이다. 기업이 고객에게 제공하려는 핵심 가치의 존재 여부와 그 경쟁력의 정도가 마케팅의 성공과 패배를 가르는 분수령이 된다. 제품과 서비스가 고객을 만나기 위해 시장으로 진출하려면 판로가 개척되어야 한다. 즉 기업은 판로개척을 하고 시장진출에 성공해야 고객창출이 가능하다. 또 세일즈를 위해서 고객을 유인하고, 고객의 마음을 얻을 그 어떤 특별한 매력적 요소가 있어야 매출이 발생한다. 그렇지 않다면 실패한다. 이른바 고객에게 다가가고, 고객이 다가올 수 있는 확실한 '미끼' 같은 아이템이 필요하다. 다만, 고객을 낚는 유인 요소에는 고객의 선택을 후회하지 않도록 만들기 위해 전략적으로 마케팅해야 한다.

시장진출을 위해서 기업은 다양한 마케팅 전략을 사용할 수 있다. 새로운 시장을 만들기 위해 고객의 요구와 선호도를 파악하고 새로운 제품이나 서비스를 개발하거나 개선, 보완하여 경쟁력을 강화하며 전략적으로 차별화된 마케팅으로 판로를 개척한다. 창업을 위한 아이디어 발굴부터 마케팅 콘셉트를 염두에 두어야 하고, 성공적으로 고객을 창출하고 고객의 충성도를 높여 매출을 증대시키려면 지속적으로 마케팅 전략을 적용해 나가도록 힘써야 한다.

판로개척과 시장진출을 위한 마케팅 전략, 여러 가지 기법이 너무 많아 혼란스럽기도 하고, 무엇을 적용해야 좋을지 고민도 생길 수 있다. 사실 워낙 일시적으로 유행하는 용어도 많고, 마케터들은 늘 새로운 마케팅 기법에 대한 복잡한 용어를 남발하는 경향도 있다. 마케팅 전문가들도 다 알기 어려운 신조어들이 날마다 셀 수 없이 새로 태어나고 있어, 마케팅에 비전문적인 창업자나 경험이 없는 업무 담당들에게는 더욱 어렵게 느껴지는 것이 당연하다. 그러나 이에 대해 너무 걱정할 필요는 없다. 왜냐하면 조금만 자세히 살펴보면, 마케팅 신조어들이 말하고 있는 내용이 다 거기서 거기로, 대부분 비슷비슷한 뜻을 내포하기 때문이다.

따라서 필자는 창업자들이나 마케팅 담당자들이 일일이 갓 만들어져 유행하는 마케팅 용어와 그에 따른 기법을 깊게 알려고 하거나, 다 적용하고 쫓아가려 애쓰지 않아도 된다고 말한다. 괜히 억지로 쫓다 보면 기업의 제품이나 서비스가 처음부터 추구하던 마케팅 콘셉트를 벗어날 수도 있고, 마케팅 전략을 계속 변경해야만 될 것 같아 힘들어질 때도 있다. 그보다는 전통적인 마케팅 원리와 기본

원칙을 충실히 지키고, 고객을 만족시킬 마케팅 전략의 핵심 요소들만 잘 갖추어도 판로개척에 충분히 경쟁력 있고 시장진출에 성공할 수 있다. 따라서 다음의 몇 가지 내용으로 가장 기본적이면서 가장 중요한 핵심을 정리해 보고자 한다.

첫째, 세상에 단 하나밖에 없는 유일함, 즉 온리원(Only One) 전략이다. 경쟁사에는 없는 핵심 가치, 오직 이 제품에만 존재하는 단 하나의 희소성을 고객에게 제공하는 특화 전략이다. 어느 제품에든 들어 있고, 쉽게 찾을 수 있는 기능이나 디자인, 편의성 등으로는 경쟁력이 없다. 그 제품에만 있는 특징과 기능, 그 제품을 이용해야만 얻을 수 있는 효과, 그 제품만의 디자인, 그 제품에서만 찾을 수 있는 편의성 등이 강할수록 경쟁력은 높아진다. 또 그곳에 가야만 볼 수 있고, 그곳에서만 팔고, 그 제품을 구매해야만 이용할 수 있는 혜택 등 그 제품으로만 가능한 독보적인 장치가 필요하다. 그래서 마침내 누구나 찾고 싶은 장소, 사고 싶은 상품, 경험해 보고 싶은 열망을 갖도록 만들어야 한다. 거기에 가격정책까지 적절하게 설정되었다면 금상첨화다. 사실 상품가격은 고객이 제품에 최초로 다가서는 진입장벽의 높낮이로서 작용할 뿐만 아니라, 최종적으로 구매 결정을 내리는 데에도 상당히 중요한 요인이기 때문이다. 그리고 이는 적당한 중간가격이 아니라, 상품가격에 대해 고객이 수용할 만한 가치를 제공하는 것이 중요하다. 예를 들면 가성비나 프리미엄가격 등으로 타깃고객을 공략할 수 있다.

둘째, 비슷하지만 뚜렷한 차별성이 강조돼야 한다. 이는 앞장의 '신제품 기획 성공 비책'에서 언급했던 'POP(유사성)'와 'POD(차별성)'에 대한 말이다. 지구상에 아예 없는 아이템, 새로운 발명품이 아닌 이상, 오롯이 독창적이거나 완벽한 독립성을 담기는 어렵다. 그러므로 기능이나 용도 측면에서는 기본적으로 유사성을 갖되, 어느 한 부분, 또는 그 이상에서 기존 상품과는 현저히 구별되는 특징이 반드시 나타나야 한다. 이는 기존 시장에서 대체재(代替財)와 보완재(補完財)를 구매하려는 고객을 낚을 수 있는 가장 효과적인 유인 요소가 된다.

셋째, 고객창출 후, 시장에서 적극적인 세일즈를 위해 몇 가지 질문에 대한 답을 명확히 준비해야 한다. 이에 대한 답변을 할 수 없다면 세일즈에 실패하거나 일시적인 성공이라 해도 지속할 수 없어 매출 증대를 기대하기 어렵다.

**1. 이 제품은 한마디로 무엇인가?**
**2. 이 제품이 다른 제품과 무엇이 다른가?**

3. 이 제품은 누구를 위한 것인가?

4. 이 제품은 어떤 문제를 해결할 수 있나?

5. 이 제품의 핵심 기능은 무엇인가?

6. 이 제품을 사용함으로써 어떤 이점이 있는가?

7. 이 제품은 어떤 편의성을 제공하는가?

8. 이 제품이 제공하는 사용 편의성은 무엇인가?

9. 이 제품은 핵심 기능 이외에 또 무엇이 좋은가?

10. 이 제품을 사용하지 않으면 생기는 안 좋은 일은?

위의 질문에 대한 답변은 이제까지의 창업과정을 충실히 수행해 왔다면 어렵지 않게 알 수 있다. 만약 그렇지 않고 답변이 막막하다면, 이는 창업 시작단계, 아이디어 발굴과 사업기획부터 다시 돌아보아야 한다. 즉 상품을 통해 어떤 가치와 혜택을 제공할 것인지가 이미 결정되어 있기 때문이다. 그리고 이러한 핵심 요소들을 간략한 도구로 활용할 수 있는 것이 잘 알려진 마케팅믹스(MIX) 4P 요소다. Product(제품), Price(가격), Place(유통), Promotion(촉진), 즉 '무엇'을 '얼마'에 '어디'에서 '어떻게' 팔 것인가에 대해 명확히 정의함으로써 위의 질문에 대한 답변은 쉽게 풀린다.

새롭고 창의적인 아이디어와 혁신적인 하이테크 기술이 결합되어 나무랄 데 없는 제품이라도, 또 흠잡을 데 없을 만큼 유용한 시스템이라도 상품 가치를 만들지 못해 시장진입도 안 되거나 곧 퇴출되는 경우가 많다. 반대로 어떤 결점이 있어 완벽하지 않음에도 성공하는 상품에는 다른 경쟁상품에 없는 그 '무엇'이 반드시 존재한다. 그러므로 잘 팔리는 상품이 되려면 고객이 구매하고자 하는 핵심 가치와 선호도가 무엇인지, 그리고 그것을 어떻게 전달할 것인지 전략을 세우고 방법을 찾아야 판로개척과 시장진출에 성공할 수 있다. 그것이 바로 불변의 마케팅 법칙이다.

# 고객창출 마케팅의
# 포지셔닝 핵심전략

: 무차별적이고 전통적인 대규모 마케팅보다는 세분화된 특정 시장의 고객 세그먼트를 겨냥하여 차별화된 맞춤형 마케팅 전략을 수립함으로써 포화도가 높고 경쟁이 치열한 시장에서도 경쟁우위를 확보하여 고객 충성도를 높이고, 성공적인 비즈니스모델을 구축하는 것이다. 즉 경쟁제품을 물리치고, 타깃 고객의 마음속으로 들어가 확실하게 포지셔닝 해야 한다.

"내 안에 너 있다."

오래전 인기 드라마 속의 표현, 지금도 유행어로 회자되는 명대사로 광고 카피나 예능프로그램에서 자주 패러디되고 있다. 누군가의 마음속에 어떤 대상이 자리 잡고 있다는 것, 바로 고객의 마음속에 자사 제품을 자리 잡게 하는 '포지셔닝'에 비유할 수 있겠다. 제품은 수많은 경쟁제품을 물리치고 타깃고객에게 명확하게 인식되어야 하는데, 그러기 위해서는 경쟁사와의 선명한 차별화와 고객의 요구에 부합하는 마케팅 전략에 집중해야 한다. 시장 트렌드와 고객 니즈를 충족시킬 제품과 서비스를 개발해 생산하고 판로를 개척하고 시장진출에 성공했다고 안심할 수 없다. 겨우 어느 정도 고객을 창출했다고 창업에 성공했다고 할 만큼 매출 증대로 이어지리라는 보장이 없기 때문이다. 손익분기점을 넘어 지속적인 수익 창출을 통해 기업 경영이 안정적으로 이뤄지기까지는 '산 넘어 산'이다.

포지셔닝(Positioning)의 정의는 학자마다 조금씩 다르지만 기본적인 맥락은 같으며, '제품이나 서비스, 기업을 소비자들의 인식 속에 특정 이미지로 자리 잡게 하는 일 또는 전략', '특정 이미지를 고객 마음에 자리 잡게 하는 것'으로 차별화 마케팅 전략을 말한다. 사업화 성공을 위한 마케팅 목표를 효과적으로 달성하기 위해 기업·제품·상표 등을 마케팅 대상인 타깃고객들에게 긍정적으로 인식시키는 일이다. 시장성, 상품성 있는 제품으로 고객에게 최종 선택을 받기 위한 신제품 포지셔닝 전략의 기본 조건은 첫째도 둘째도 오로지 '고객'에 초점을 맞추는 것이다. 고객 문제, 고객 요구, 고객 취향, 고객 경험, 고객가치 등 고객 지향적 마케팅 전략이어야 한다.

이를 경쟁이 심하고 포화도가 높은 시장, 레드 오션이 아니라 특정 니즈를 가진 특정 시장을 새롭게 창출하는 블루 오션 전략이라고 한다. 현재 존재하지 않거나, 잘 알려지지 않아 아직 경쟁자가 없는 유망한 시장으로 높은 매출과 수익이 예상되어 빠른 성장을 가능케 하는 기회 요소가 존재하는 곳이다. 이렇게 잠재력이 있는 시장, 블루 오션 창출 전략을 니치마케팅(Niche Marketing)이라고 한다. 제임스 하킨은 그의 저서 『니치』에서 "모든 이의 마음을 사로잡고자 하면 어느 사람의 마음도 얻지 못한다."라고 했으며, 21세기엔 "니치란 더 이상 제3의 길이 아니라 정치, 경제, 문화의 주류이며 대세"라고 하였듯이 신제품의 판로개척을 위한 가장 성공적인 마케팅 전략이 될 수 있다. 무차별적이고 전통적인 대규모 마케팅보다는 세분화된 특정 시장의 고객 세그먼트를 겨냥하여 차별화된 맞춤형 마케팅 전략을 수립함으로써 포화도가 높고 경쟁이 치열한 시장에서도 경쟁우위를 확보하여 고객 충성도를 높이고, 성공적인 비즈니스 모델을 구축하는 것이다.

특히 R&D 과정을 통한 기술 제품이 오랜 시간 늪보다 험난한 악마의 바다(Devil's Sea)를 건너와 제품이 탄생하고 판로개척에 성공해도, 이후 더 강한 장애물이 넘실거리는 죽음의 계곡(Valley of Death)을 지나야 겨우 시장에서 생존이 가능하게 된다. 그러나 그 후에도 다윈의 바다(Darwin's Sea)에서 생존 경쟁과 창업생태계에 적응하며 성장해 나가기까지 수없이 많은 위기의 고비를 넘나들며 도전과 혁신으로 극복해야 한다. 여기에서 사용되는 캐즘 마케팅(Chasm Marketing) 전략은 시장 세분화를 통해 기존 경쟁자와는 다른 고객층을 찾아내고, 그들의 요구에 맞는 제품과 서비스를 제공하여 시장을 확장하는 것으로, 포지셔닝 전략을 일컫는다. 경쟁우위를 지속시키기 위한 마케팅을 계속하는 것이다.

그런데 이러한 포지셔닝 마케팅 전략은 신제품의 고객창출을 위해 R&D이든 비(非)R&D이든 구분할 것 없이 적용되어야 한다. 시장진입 초기 '혁신 소비자(Innovaters)'의 제품 구매 후, '조기 수용자(Early Adopters)'를 넘어 '조기 다수자(Early Majority)'와 '후기 다수자(Late Majority)'까지 이어지는 고객창출로써 시장 점유율 확장을 위해 포지셔닝 마케팅을 집중적으로 펼쳐가야 한다.

그렇다면 경쟁제품을 물리치고, 타깃고객의 마음속으로 들어가 확실하게 포지셔닝 하기 위해서 구체적으로 어떻게 해야 할까? 먼저 고객의 흥미와 관심을 불러일으키고, 공감과 신뢰를 얻어 낼 수 있어야 하며, 고객에게 제공할 차별화된 혜택을 명확히 제시해야 한다. 고객이 자사의 제품을 인지하게 하고, 동시에 흥미와 관심을 유발하도록 해야 한다. 그러면 고객은 원하는 방식으로 각자 탐색과 비교, 평가를 할 것이며, 시구(始求)와 시용(始用)으로 테스트를 거쳐 구매과 사용을 하게 될 것이다. 그리고 이후 만족도에 따라 재구매와 반복 구매, 주위에 소개와 추천을 할 것이다. 물론 모든 고객이 모든 제품 구매에 이 같은 절차를 다 거치는 것은 아니다. 그러나 어느 제품이든 비슷한 구매 행동 패턴이 있다. 이에 필자는 마케팅 현장에서의 경험을 바탕으로 '포지셔닝 핵심 포인트' 전략을 다음과 같이 정리해 보고자 한다.

첫째, 제품 속성의 차별화다. 제품의 남다른 기능이나 특징이 타깃고객에게 특별한 유익함을 줄 수 있어야 한다. 다른 제품에서는 찾을 수 없는 독창적인 가치가 반드시 있어야 한다.

둘째, 제품에 녹아 있는 스토리다. 제품 탄생 과정을 거쳐 온 스토리가 제품에 어떤 형태로 접목되고 자연스럽게 스며들어 있는지가 중요하다. 제품 개발 배경과 필요성, 아이템을 선정하게 된 계기, 왜 이러한 기술과 솔루션을 제공하려는지 담겨있어야 하는데, 진정성 있는 제품 스토리는 고객에게 감동을 주고, 설득의 힘을 가진다.

셋째, 제품에 입혀진 감성이다. 제품의 특성은 이성적으로만 어필할 수 없다. 비록 과학적인 근거나 자료로 객관적 우위를 지니고 있다고 하더라도 고객의 마음의 문을 열고 성큼성큼 걸어 들어가 자리 잡는 포지셔닝을 위해서는 고객의 감정을 사로잡아야 한다. 고객의 내적 감정은 오감을 통한 외적 감성 자극의 결과다. 시각·청각·후각·미각·촉각 등 감각적 요소를 적절히 활용하면, 고객의 긍정적 감정 형성을 도와 보다 강력하게 어필할 수 있다.

넷째, 제품을 대변하는 브랜드다. 소비자에게서 브랜드에 대한 식별은 브랜드 가치를 인지하게 해 준다. 제품은 모방할 수 있지만 브랜드는 모방할 수 없다고 하지 않는가? 브랜드를 통해 연상할 수 있는 브랜드 이미지 창출과 관리를 위해 기업 브랜드와 제품 브랜드를 동일시하려는 브랜드 마케팅을 펼쳐야 한다.

다섯째, 제품을 통한 고객과의 소통이다. 이는 누차 강조해 왔듯이 아이디어 발굴, 아이템 선정, 사업기획, 사업계획 수립, 제품 콘셉트 개발 및 생산, 판매에 이르기까지 고객과 끊임없이 소통하고, 의견을 수용하며 반영해야 한다. 다양한 채널을 통한 정보 제공, 고객의 불만 관리, 피드백 수용 등 역동적으로 소통해야 한다. 창업 성공을 위해, 판로개척을 위해 고객의 마음속에 가장 먼저, 가장 깊숙이 자리 잡고 싶은가? 그렇다면 차별화 마케팅, 포지셔닝 전략으로 파고들어라.

# 6

# 차별화된 브랜드 마케팅 핵심 3요소

: 브랜드 마케팅은 기업이 제품이나 서비스의 브랜드 가치를 높이기 위해 실행하는 마케팅 전략 중 하나다. 성공 창업을 위해서는 긍정적이고 강력한 브랜드 이미지를 창출하여 브랜드 인지도, 브랜드 선호도, 브랜드 충성도 등을 높여야 한다. 이를 통해 제품이나 서비스의 경쟁력을 강화할 수 있는 브랜드 마케팅을 적극적으로 수행해야 한다.

'확실히 다른 차이가 있어!'라고 고객이 인지하게 되고, 그것이 긍정적으로 어필됐다면 성공적인 브랜드 마케팅(Brand Marketing)을 위한 시작이라고 할 수 있다. 브랜드 마케팅은 기업이 제품이나 서비스의 브랜드 가치를 높이기 위해 실행하는 마케팅 전략 중 하나다. 성공 창업을 위해서는 긍정적이고 강력한 브랜드 이미지를 창출하여 브랜드 인지도, 브랜드 선호도, 브랜드 충성도 등을 높여야 한다. 이를 통해 제품이나 서비스의 경쟁력을 강화할 수 있는 브랜드 마케팅을 적극적으로 수행해야 한다. 그러므로 브랜드 이미지는 시장에서 긍정적인 브랜드 연상(Association)을 일으킬 수 있도록 세심하게 관리해야 한다. 그리고 기업 브랜드뿐만 아니라 제품과 서비스의 브랜드에 대해 전체적으로 통합마케팅커뮤니케이션(IMC: Integrated Marketing Communication) 효과를 위해서는 광고, 홍보 등 다양한 판매 촉진 수단을 통합해 비교·검토하여 추진함으로써 시너지효과를 얻어야 한다.

한 사람이 사회에서 다른 사람과 구별되고, 의미 있고 가치 있는 존재로 인식되기 위해서는 '이름'이 필요하다. 태어나 출생신고를 할 때부터 가장 먼저 필요한 것도 바로 '이름'이다. 사람의 이름은 사회 속에서 그 사람만의 가장 차별화된 특징으로 생김새나 됨됨이를 나타내는 대명사로 통한다. 기업이나 상품도 그렇다. 어떤 아이디어가 제품으로 만들어져 상품성을 갖고 시장에서 생존하려면 그 이름이 알려져야 하며, 그 제품을 생산하거나 판매하는 기업도 역시 이름을 갖는다. 그 제품의 이름이나 기업의 명칭을 '브랜드'라고 일컫는다. 그러므로 제품이나 기업이 가지고 있는 브랜드 이미지와 브랜드 효과는 시장 경쟁력이 되며, 이를 시장에서의 '브랜드 파워'라고 한다. 그러므로 브랜드 이미지의 손상이나 시장에서 부정적인 인식이 있으면 판로개척과 고객창출이 어려워진다. 창업에 성공하기도 어렵다는 말이다.

브랜드 마케팅은 다양한 방법을 통해 이루어질 수 있다. 예를 들어, 브랜드 아이덴티티(Brand Identity), 즉 브랜드 정체성을 명확하게 설정하고, 브랜드 이미지를 구축하며, 브랜드 메시지를 전달하는 등의 전략을 사용한다. 또한 소셜 미디어, 광고, 이벤트, 서포터즈 등을 통해 브랜드 인지도를 높일 수 있는 다양한 방법을 사용할 수 있다. 이러한 브랜드 마케팅의 핵심은 고객과의 감정적인 연결을 형성해 심리적으로 긍정적 관계를 강화하는 것이다. 즉 고객들이 기업이나 제품에 대한 브랜드를 긍정적으로 경험하고, 이를 통해 브랜드에 대한 신뢰가 생기면, 브랜드 로열티(Brand Royalty)라는 브랜드 충성도가 높아지고, 장기적인 고객 관계를 유지하기 위한 바탕이 된다.

이렇게 브랜드 마케팅은 기업가치와 제품이나 서비스의 가치를 높이고, 고객들의 마음을 사로잡아 브랜드의 성공을 이끌어내는 중요한 전략이다. 성공 창업을 위한 시장진출과 고객창출을 위해 반드시 투자하고 관리해야 하는 중요한 마케팅 전략이다. 이를 위해 브랜드 고유의 경쟁력을 갖는 것이 브랜드 마케팅의 성공 요건이다. 기업이나 제품을 위한 혁신적인 마케팅 전략 모색을 위해 아래 제시한 브랜딩 요소를 하나하나 단계적으로 적용하면 성공적으로 브랜드 마케팅을 할 수 있을 것이다.

1단계, '브랜드 콘셉트(Brand Concept)'다. 이는 브랜드 마케팅의 첫 단계로, 어떤 브랜드를 보거나 들었을 때 연상되는 개념, 즉 브랜드가 대변하는 속성이다. 예를 들면 스마트폰의 '삼성'과 '애플', 자동차의 '벤츠'와 '현대' 또는 커피전문점의 '빽다방'과 '스타벅스' 등을 비교해 떠올려 보자. 동종 산업 분야의 유사 상품이라도 그 기업이나 제품 브랜드에 대해 연상되는 것이 분명히 다르다. 각각 다른 느낌으로 기업이나 제품이 추구하는 바와 고객에게 제공하고자 하는 핵심 가치가 차별화되어 있는 것이다.

무엇을 브랜드로 만들 것인가? 다른 것과 뚜렷이 구별되는 브랜드의 특징은 무엇인가? 이렇게 브랜드의 대표적 개념인 브랜드 콘셉트는 곧 브랜드 정체성(Brand Identity)이 된다. 이것이 명확하지 않으면 시장에서의 브랜드 전략에 실패하여 그 결과 고객에게 선택받지 못하고 브랜드로서의 생명력을 잃어 사라질 수밖에 없다. 브랜드 마케팅의 출발은 시장 포지셔닝에 강력한 힘을 발휘하게 될 확실한 브랜드 콘셉트를 찾고, 그것을 정의하는 것부터 시작된다.

2단계, '브랜드 이미지(Brand Image)'다. 브랜드 마케팅 두 번째 단계로 브랜드 콘셉트를 본격적으로 나타내고 적극적으로 알리는 전략이다. 이때 주의할 것은 브랜드 콘셉트, 즉 브랜드가 품고 있는 속성을 알기 쉽고, 이해하기 편하게 표현해야 한다. 만약 브랜드 정체성과 다르게 표현되거나 콘셉트를 애매모호하게 대변한다면 브랜드 인지도에 큰 혼란을 초래하게 된다. 그러므로 타 브랜드와 확연히 차별적인 브랜드 식별 기능을 반드시 갖춰야 한다.

이를 위해 기업이나 조직은 구별되는 브랜드 명칭(Brand Naming)과 함께 독특한 디자인으로 표현된 상징적 로고를 사용한다. 또 구체적인 슬로건이나 홍보를 위한 문구, 즉 캐치프레이즈를 활용하기도 한다. 거기에 다양한 사회공헌사업 참여 및 홍보 등 무형의 브랜드 이미지 구축도 중요한 전략이 된다. 특히 가치소비가 증가하며 새로운 구매 트렌드로 자리 잡고 있기 때문에 기업에서는 많은 노력이 요구된다.

3단계, '브랜드 가치(Brand Value)'로서 브랜드 마케팅의 핵심 요소이며 브랜드 경쟁력, 브랜드 파워라고도 한다. 즉 '이 브랜드가 고객에게 어떤 혜택을 줄 수 있는가?'로서 브랜드의 핵심 자산이다. 이는 1단계에서 설정한 브랜드 콘셉트를 2단계에서 이미지로 구축하고, 3단계에서는 최종 수혜자에게 그 브랜드 가치를 전달하는 것이다. 다시 말해 브랜드를 통해 그 기업이나 제품을 어떻게 체험하게 하느냐로 설명할 수 있다. 고객은 결국 브랜드가 주는 이익, 혜택을 기대하고 제품을 구매한다. 그리고 그 브랜드 가치는 고객의 생애가치를 창조하고 더해줄 때 경쟁력이 있다.

판로개척과 시장진출로 창업에 성공하려면 브랜드 마케팅을 해야 한다. 그리고 필자가 제안한 브랜딩 3요소와 전략, 즉 차별화된 브랜드 콘셉트 개발, 확실한 브랜드 이미지 구축, 경쟁력 있는 브랜드 혜택을 제공한다면 고객창출에 성공할 것이다.

## 7

# 상권, 분석하지 말고, 랜드마크 창출하기

: 우수 상권에 들어가기 위해 투자해야 하는 높은 비용과 경쟁하기 위해 쏟아부어야 하는 많은 노력들을 나만의 상권 창출을 위한 방향으로 돌리는 것이다. 상권 경쟁을 회피하여 내가 창업한 그곳이 핫플레이스로 자리 잡아 고객이 스스로 찾아오고, 알아서 구매하게 만들어 새로운 랜드마크를 창출하자.

"상권 좋은 곳이 어디일까?"

"상권이 좋아야 매출이 오르지!"

이런 생각을 한 적이 있는가? 그런데 창업자에게 좋은 상권은 어떤 곳이고, 그 상권 내에 들어가기만 하면 다 성공할 수 있을까? 역으로 좋지 않은 상권에서는 성공하지 못할까? 창업에 성공하기 위해 **빼놓을** 수 없는 고민 중의 하나가 바로 상권일 것이다. 이른바 좋은 상권에 들어가자니 비용이 만만치 않고, 좋지 않은 상권에서 시작하자니 혹여 실패하는 게 두려워 망설이게 된다.

특히 고객이 직접 찾아와서 제품이나 서비스를 구매하거나 소비해야만 매출이 발생하는 산업 분야나 업종은 창업을 준비하는 데 가장 고민되는 부분일 것이다. 가령 식음료 산업이나 관광 산업 등 자영업으로 창업하는 소상공인들에게는 필수적으로 맞닥뜨리는 장벽이 된다. 또 제조업이나 유통업 등도 상권이라는 표현과는 다르지만, 인력 확보나 물류비용, 접근성 등을 감안한다면 어느 곳에 입지 선정을 해야 경제성을 높일 수 있을지를 두고 망설일 수밖에 없다.

하지만 모든 입지 조건이 좋은 1급 상권에서만 창업할 수는 없다. 그렇다면 상권에 대한 해결책은 무엇일까? 그것은 상권분류 법칙을 넘어서 그 무엇인가에 가치를 창출하는 것이 비법이 되지 않겠는가? 이 장에서는 이 오프라인 상권 창출에 대해 말하고자 한다.

상권이란 한마디로 상품이 유통되는 어느 범위 내의 일정한 지역을 말하며, '상세권(商勢圈)'이라고도 불린다. 일종의 지역 상권 독점권으로 볼 수도 있다. 상품을 판매하는 공급자와 구매하는 수요자가 모여 형성되는 상권은 업종별로 다르고, 교통 여건이나 주변 환경에 따라 달라지기도 한다. 도보나 자동차, 그 외 부대시설 등에 영향을 받는 접근 가능성을 의미하며 성장 가능성을 예측하기에 중요한 잠재적인 고객 흡입력이라고 볼 수 있다. 그러므로 상권분석은 특정 지역 또는 상권에서 사업을 시작하거나 운영할 때, 해당 지역의 시장 조건과 경쟁 상황을 분석하여 사업의 성공 가능성을 예측하는 과정이다. 상권분석을 통해 사업의 수익성을 평가하고, 마케팅 전략을 수립하며, 최적의 위치를 선정하는 데 도움이 되므로 창업자는 어떤 방식으로든 사업의 성공 가능성 예측과 사업타당성 분석을 위해 당연히 해야 할 수도 있다.

전문적인 상권분석을 제대로 하게 되면 인구통계학적 특성, 입지 내 경쟁업체들의 수와 특성 분석, 지역 내 판매되는 제품이나 서비스의 소비 패턴을 조사할 수 있다. 그리고 고객의 접근성과 교통 편의성을 분석하고, 임대료 수준과 부동산 시장의 동향 및 해당 지역의 개발 계획과 변화를 파악해 보면서 상권의 미래 전망에 대해 예측해 보기도 한다. 이러한 상권분석은 사업 성공 가능성을 높이는 데 분명 도움을 주고, 이를 바탕으로 효과적인 비즈니스 계획을 수립할 수 있다.

　이렇게 사전에 실시한 상권분석과 사업 투자로 창업 초기, 개업 효과와 이벤트로 반짝 특수를 누리는 것은 어렵지 않다. 이미 형성된 상권이므로 큰 노력이 없어도 판로를 개척하고, 유동 인구나 기존 시장의 규모로부터 얻어지는 고객창출도 수월하게 가능해진다. 그러나 앞에서도 언급했듯이 좋은 상권 안에 들어간다고 해도 성공이 보장되는 것이 아니다. 과연 그런 창업 초기 상황이 얼마나 지속될 수 있을까? 임대료 등 고정비용에 많은 초기 투자가 필연적이고, 운영 자금도 그만큼 높아질 것은 두말할 나위가 없기에 자금난을 겪지 않으려면 충분한 여유자금을 준비해 둬야만 한다. 더구나 그 상권 내에서의 치열한 경쟁에서 살아남아야 하는 것이 창업자가 넘어야 할 더 큰 산이다. 이미 형성된 기존의 입지 좋은 우수 상권 내에서는 새로운 경쟁자인 이방인을 달가워할 리 없고, 어쩌면 예상치 못한 '텃새'로 곤혹스러워질지도 모른다. 고객들은 호기심에 찾았다가 기대에 못 미치면 실망하고 이내 떠나버릴 위험도 많다. 또 이른바 초기 혁신 소비자를 확보하지 못한 결과, 제품이나 서비스를 구매하거나 이용하는 사람이 거의 없다면 시장에 제품은 있지만 고객은 없는, 즉 시장진출과 고객창출에 실패하는 상황을 맞이할 가능성도 크다.

그래서 필자는 '상권을 분석하지 말고 창출하라!'고 제안한다. 기존 상권을 분석하고, 좋은 상권이라는 곳에 힘겹게 들어가려고 애쓰지 말고, 차라리 그리할 에너지로 새로운 '나만의 상권'을 창출하라고 권장한다. 물론 이 또한 쉬운 것은 아니다. 준비에 더 많은 시간이 소요되고, 초기에는 외롭고 험난한 창업이 될 수도 있다. 접근성이나 지역 여건상 고객 흡입력이 낮아 실패할 가능성도 있다. 그럴수록 인내력과 성공하려는 의지가 더 절실히 요구된다. 하지만 우수 상권에 들어가기 위해 투자해야 하는 높은 비용과 경쟁하기 위해 쏟아부어야 하는 많은 노력들을 나만의 상권 창출을 위한 방향으로 돌리는 것이다. 그래서 상권 경쟁을 회피하여 내가 창업한 그곳이 핫플레이스로 자리 잡아 고객이 스스로 찾아오고, 알아서 구매하게 만들어 새로운 랜드마크를 창출하자.

이렇게 새로운 기회요인이 될 만한 곳은 어디에 있을까? 새로운 랜드마크가 될 곳은 어떻게 찾을까? 여기에도 정답은 없다. 그러나 어디든지 잠재적 핫플레이스가 될 가능성이 있다. 이미 상권은 형성되어 있지만 아직 활성화가 덜 되어 급수가 낮거나, 예전에는 좋은 상권이었지만, 지금은 쇠락한 곳, 또 전혀 다른 산업이 자리 잡고 있거나 연관성이 없다고 보이는 업종이 성업 중인 곳도 후보지다. 또는 아직 아무도 시작하지 않은 미개척 지역도 도전해 볼 수 있다.

이런 경우는 이미 그 사례가 증명되는 곳이 많다. 잘 알려진 '테

'라로샤' 커피전문점은 전원 속의 여유로운 자연환경을 그대로 살리며 넓은 매장으로 다양한 콘셉트를 살렸고, 폐공장 지역으로 들어가 커다란 공장 건물을 그대로 활용하며 카페의 색다른 분위기를 만들어 내는 공간 창출에 성공했지 않은가? '라온컴퍼니'라는 수입 그릇 판매 전문점은 자동차로 접근하기조차 힘든 산속의 공장 건물 안에서 시작했지만, 전국에서 소비자들이 찾아올 만큼 성공한 사례가 되었다. 허름한 골목길에서 빵을 사기 위해 수십 미터 줄을 서 있는 고객들, 한적한 길모퉁이에 북적이는 작은 국숫집이 그렇다. 별다른 상권이 형성되지 않은 곳에서도 그곳만 번호표를 받고 기다리는 곳이 있으며, 애매한 자투리 공간에서도 잘되는 곳이 많다.

지금 우리는 정보와 교통이 극도로 발달한 시대에 살고 있다. 최신 정보는 인터넷과 스마트 기기를 타고 전국뿐 아니라 세계로 날아다니듯 하고, 발달한 교통은 소비자가 원하는 곳이라면 언제, 어디든 데려다주는 시대다. 찾아갈 이유가 생기고, 원하는 것이 있다면 시간과 거리에 연연해하지 않고, 기꺼이 찾아가고 있다. 심지어 불편함을 무릅쓰고라도 구매 욕구를 충족시켜가고 있다. 그뿐만 아니라 고객들은 스스로 구매하고 소비한 경험에 대해 솔직하고 과감하게 얘기하고 낱낱이 공개한다. 긍정적인 것들이든 부정적인 것들이든, 기업이 의도했든 의도치 않았든 통제 밖의 영역이 되었다. 그렇게 고객들이 남기는 체험 후기와 기업이나 제품에 대한 소스들이 창업 성패를 가르는 커다란 힘을 발휘한다. 흔적 없이 사라지느냐 떠오르는 핫플레이스가 되느냐에 중요하게 작용한다.

그러므로 기업은 고객들이 들인 시간과 비용, 노력에 비해 반드시 그 이상의 만족을 얻을 수 있는 가치를 제공해야 한다. 고객이 찾아야 할 이유, 감동할 만한 매력 포인트가 최소한 한 가지 이상 확실하게 있어야 한다. 그 창의적이고 차별화된 아이템과 마케팅 전략이 필요한 이유다.

# 더 이상 폐업은 없다,
# 크리에이팅 점포마케팅

: 창업 후 개업한 점포에서 고객과 함께 생존하고 성장의 길을 걸어가기 위해서는 남다른 노력이 요구되며, 다른 곳에서는 찾아보기 어려운 무엇인가로 돌파구를 마련해야 한다. 폐업하지 않고 문전성시를 이루는 장치를 마련하기 위해 새로움을 창출해 내는 차별화된 크리에이팅(Creating) 점포마케팅 전략이 필요하다.

"이 식당은 줄 서서 기다렸다가 먹어도 오히려 즐겁다."

"20년 동안 단골집이다."

"아무리 멀어도 꼭 거기 가서 사 온다."

누구나 한 번쯤은 해 보거나 들어 봤을 말이다. 식사하기 위해 줄 서는 것을 당연히 여기게 하고, 수십 년을 변함없이 꾸준히 이용하게 만들며, 먼 거리도 마다하지 않고 달려와서 물건을 사 가도록 만든다. 무엇이 고객에게 그런 충성도를 발휘하게 하는 것일까? 점포를 열고 영업을 시작한 창업자들에게는 부러움을 넘어 경이로움의 대상이다. 도대체 그 비결은 무엇일까?

최근 몇 년 동안 중소기업 및 소상공인 창업자 수는 가파르게 증가하고 있으나, 폐업률 또한 이에 비례해 계속 증가하고 있다. 이러한 현실은 창업 후 생존과 성장이 얼마나 어려운지, 성공적으로 창업하여 기업 경영을 지속하기 위해 극복해야 할 장애 요소가 얼마나 많은지 짐작이 가능하다. 국세청 발표 자료에 따르면 2023년 폐업한 자영업자 수는 91만 명을 넘어섰으며, 이는 2022년도에 비해 13.9% 증가했고, 특히 20대 청년층의 폐업률은 20%를 넘겼다. 2023년도의 236만 1천 개에 달했던 자영업자 수는 2024년도에 15만 개 정도가 사라져 220만 5천 개 정도이며, 2024년도 파산신청 법인이 1,583건으로 전년도 대비 16% 증가했다고 하니, 코로나19

펜데믹으로 어려움을 겪었던 시기보다 더 심각한 위기 상황이다. 안타깝지만 이러한 추세는 폐업 전성시대로 접어들었다고 해도 과언이 아니며 국내외 경제 상황이나 경영 여건을 고려했을 때 앞으로도 좀처럼 나아지기 어려울 전망이다.

더구나 급격한 인구 감소로 인한 경제활동과 수익 감소 등으로 소비층이 줄어드는 형국으로 회복 기미는 마치 안개 속을 보는 것 같다. 점포마다 매출은 줄어들고, 재고는 쌓이고, 대출금은 늘어나고, 자영업자들은 생계마저 위태로워지고 있으니, 막다른 골목에서 폐업할 수밖에 없다고 한다. 특히 경기 위축으로 인한 음식점과 소매업의 폐업률이 최고치에 달하고 있다는데, 이대로 속수무책인 것일까?

구매자가 곧 소비자가 되고, 최종소비자가 직접고객이 되며 제품과 서비스를 직접 생산하고 직접 판매하는 경우가 많은 업종의 특성상 성공 창업을 위한 요소 중 점포가 차지하는 비중이 매우 높다. 점포의 특징은 성공 창업이냐 실패 창업이냐, 또 지속 경영이냐 폐업이냐를 결정하는 중요한 요인이다. 그러므로 창업에 성공하기 위한 사업계획에 제품이나 서비스에만 국한할 것이 아니라 점포마케팅 전략을 비중 있게 다뤄야 한다.

점포마케팅이란 식당, 카페 등 식음료 매장과 미용실, 소매점 등 다양한 업종과 형태의 상점에서 고객을 유치하고 매출을 증대하기 위한 전략적인 활동이다. 따라서 점포마케팅은 업종에 따른 제품과 서비스의 종류 등 상점의 특성과 타깃고객층에 적합한 다양한 전략을 적용하여 고객 유치와 매출 증대를 가능케 해야 한다.

그러면 일반적으로 알려진 점포마케팅 성공 전략들을 살펴보자. 역시 가장 우선적인 것은 명확한 타깃고객층 설정이다. 타깃고객이 원하는 제품과 서비스를 제공해야 매출 증대에 성공한다는 것은 더 강조할 필요도 없겠다. 그리고 점포의 위치 선정이 매우 중요하다. 타깃고객이 많은 곳이나 접근성이 좋은 곳이 유리하다. 또 브랜드 이미지를 구축하여 고객들이 점포와 제품에 대한 긍정적 인식을 갖게 하고, 친절한 고객 서비스를 제공하여 고객들의 만족도를 높여야 한다. 그리고 다양한 프로모션과 이벤트를 통해 고객들의 관심을 끌고, 구매를 유도하는 판촉 활동을 해야 한다. 예를 들어 온라인 마케팅을 통해 고객들의 관심을 끌고, 점포의 인지도를 높이는 시도를 생각해 볼 수 있다. 고객의 피드백을 수집하고 매출 추이를 분석해 문제점을 파악하고, 개선 방안을 도출하며 경쟁우위 확보를 위해 경쟁사 분석과 대응 전략으로 지속적인 개선을 하는 것이 점포마케팅 전략이다.

이러한 점포마케팅으로 폐업하지 않고 거뜬히 살아남아 수익을 창출하면서 성장하려면 어떻게 해야 할까? 그러려면 최소 6개월 이상에서 1년까지는 기본적으로 준비 기간을 거쳐야 하며, 더 오랜 기간이 걸릴 수도 있다. 직감이나 영감이 떠올라 즉흥적으로 창업에 도전한다거나 단지 창업자의 경험이나 전문성을 믿고, 자신감만으로 시도한다면 폐업점포 리스트에 오를 가능성이 매우 높다. 준비 없는 창업을 하면 실패를 반복한다. 그러므로 창업 준비 후 개업한 점포에서 고객과 함께 생존하고 성장의 길을 걸어가기 위해서는 남다른 노력이 요구되며, 다른 곳에서는 찾아보기 어려운 무엇인가로 돌파구를 마련해야 한다. 폐업하지 않고 문전성시를 이루는 장치를 마련하기 위해 새로움을 창출해 내는 차별화된 크리에이팅(Creating) 점포마케팅 전략이 필요하다. 다음 세 가지 방법이 바로 필자가 제안하는 크리에이팅 점포마케팅 전략이다.

첫째, 지역 내에 친화적이면서 동시에 유일한 아이템을 개발해야 한다. 점포가 위치한 지역의 환경과 자원을 최대한 활용하면서도 거기에 아직 존재하지 않는 콘텐츠를 독자적으로 창출하는 것이다. 이를 위해 지역의 지형 등 자연·인공 환경에 어떤 특성이 있는지, 근거리에 관광자원이나 특산물, 유형·무형 문화적 특성, 그리고 거주인구와 유동 인구의 규모와 특성 파악 등이 중요하다. 또 점포 인근 클러스터 내의 다른 점포들의 상황, 경쟁사인 동종 업종 점포의 유무나 상태를 파악해야 한다.

　지역의 특성과 너무 동떨어진 상품은 초기에 위협 요소가 될 수 있으며, 이미 존재하거나 매우 흡사한 업종은 처음부터 경쟁자로 시작한다. 시간적 여유를 갖고 상권의 특성분석 또는 시장분석을 면밀히 해야 타깃고객을 끌어들일 점포를 어떤 콘셉트로 차별화해야 하는지 방향 설정이 가능해진다. 내 점포를 찾을 타깃고객을 설정하고, 그들이 필요로 하고 좋아할 아이템이지만, 다른 점포에는 없고, 쉽게 모방할 수도 없는 차별화 포인트를 크리에이팅해야 한다.

　둘째, 점포의 고유문화를 창조하여 감성마케팅을 해야 한다. 점포마케팅이 온라인 마케팅과 다른 점은 고객이 상품을 구매·소비하기 위해 매장을 방문, 점포의 여러 가지 요소를 체험한다는 것이다. 이런 요소들이 창업 후 점포의 성패 요소로 작용하게 된다. 점포가 보이기 시작하는 곳에서부터 점포 입구에 들어서는 순간, 그리고 점포를 떠날 때까지 고객이 만나는 접점마다 점포의 차별화된 문화를 되도록 많이 접하고, 이에 감동하게 만들어야 한다.

　특히 VMD(Visual Merchandising Display) 마케팅으로 고객의 감정 조성을 위한 자극 요소를 감성적으로 크리에이팅해야 한다. 제품 디스플레이, 점포 인테리어, 조명, 색상, 음향, 향기 등을 활용하여 고객에게 감각적인 경험을 제공함으로써 고객의 관심을 유발하여 구매욕을 자극하자. 시각·청각·후각·미각·촉각 등 감정 생성 요소 즉, 감각을 통해 구매하고 소비하는 과정에서 다양한 감성적 요소가 고객에게 긍정적으로 전달되도록 창조해야 한다. 상품 내용, 상품 디자인, 포장뿐 아니라 점포의 인테리어, 여러 가지 소품 같은 간접적 요소가 모두 기업과 제품의 브랜드 아이덴티티에 포함된다.

그리고 고객의 감정에 가장 직접적인 감성 자극 요소는 다름 아닌 사람이다. 점포를 살아 움직이게 하고 고객과 직접적으로 소통하는 직원이야말로 점포 문화를 형성해 가는 핵심 요소다. 최근에는 키오스크, 테이블 오더를 통한 주문 방식이나 로봇 서비스, 무인 점포 등이 증가하고 있는데, 이러한 첨단 점포 요소들이 고객에게 편의성과 즐거움을 제공하지 않고, 판매자의 편리함과 경제성에 더 유익하게 작용된다면 장기적으로 매출 증대에 위험한 요소가 될 수 있다.

셋째, 적극적으로 프로모션해야 한다. 좋은 상품과 서비스를 준비하고 점포 환경을 잘 조성한다고 고객이 저절로 찾아오지는 않는다. 우리 점포가 아니더라도 고객이 갈 곳도 살 것도 많다. 그러므로 다양한 판매 촉진 방법을 꾸준히 만들어 실행해야 한다. 단조롭고 일시적인 판촉 활동으로는 실패하기 쉽다. 상품의 특성을 살리고, 고객의 라이프스타일이나 시장 트렌드에 맞게 특색 있는 프로모션

전략을 계획하고, 다양한 판매 촉진 활동을 정기적, 주기적, 지속적으로 실행해야 한다. 또한 고객이 예측할 수 없고, 상상할 수 없는 의외의 방법을 사용해 깜짝 놀랄 만한 프로모션을 하는 것도 좋다. 또한 전혀 다른 업종이나 타 브랜드와의 전략적 제휴로 고객에게 선물처럼 제공된다면 신선한 감동을 줄 수 있다.

이러한 프로모션은 점포 내에서만 하는 것이 아니라, 점포를 벗어나 외부 활동도 적극적으로 해야 한다. 고객이 있는 곳으로 찾아가는 프로모션으로 고객을 점포로 끌어들일 흥미로운 방법을 다양하게 적용해야 한다. 틈틈이 봉사나 기부활동 등 작은 나눔을 지속적으로 펼치며 긍정적인 브랜드 이미지를 간접적으로 상승시키는 전략도 필요하다. 또 다양한 SNS 채널에 있는 온라인 소통 플랫폼을 통해 적극적으로 프로모션해야 한다. 이러한 점포마케팅을 창업 준비 단계부터 진정성 있게 실행한다면 폐업하지 않고 성공할 수 있는 크리에이팅 전략이 될 것이다.

EMOTIONAL

Part 3

# 고객의 감정을 끌어당기는 감성마케팅

MARKETING

# 선택과 결정의 열쇠, 고객의 감정이 쥐고 있다

: 아무리 이성적인 사고와 판단을 내리려 해도 사람은 감정이 있다. 감성적 자극으로부터 자동적으로 생성되는 감정을 억제하기는 어렵다. 제품을 선택하고 구매를 결정하는 힘은 고객의 감정이 쥐고 있다. 잠시 통제할 수는 있어도 결국은 감정적으로 자기만족을 선택하게 된다. 고객의 감정을 기쁘고, 행복하고, 만족스럽게 할 감성 마케팅을 활용해야 한다.

고객은 제품을 선택하고 구매를 결정하기 위해 얼마나 합리적으로 판단할까? 그리고 그 합리적인 행동을 통해 얻고자 하는 구매 이익, 소비 혜택은 무엇일까? 고객은 원하는 제품이나 서비스를 구매하기 위한 선택과 의사결정, 구매 행동, 그리고 구매 후 행동을 하게 된다. 그런데 그러한 구매 행동에 고객의 감정은 어떻게 작용할까? 고객의 구매 행동은 다양한 요인에 영향을 받는다. 특히 소비재 구매에 영향을 미치는 요인들은 성별·연령·소득·교육 수준 등 '개인적 요인', 가족·친구·문화 등 '사회적 요인', 동기·감정·태도 등 '심리적 요인', 그리고 가격·광고·프로모션 등의 '상황적 요인'이 있다.

그런가 하면 산업재는 소비재보다 좀 더 복잡한 구매 의사결정과정과 몇 가지 차이점을 보인다. 산업재에 대한 구매 의사결정은 주로 기업이나 조직과 같은 B2B(Business to Business) 거래에서 발생하며 산업재 구매자들이 제품이나 서비스를 구매하는 과정에서 이루어지는 의사결정을 의미한다. 이는 제품의 특성이나 산업 분야 및 기업의 업종, 규모 등에 따라 다른 양상을 보이지만, 대체적으로는 다음과 같은 구매 의사결정의 특징이 있다.

산업재 구매 의사결정에는 참여자가 여러 명으로 구매부, 기술부, 재무부 등 다양한 부서의 담당자들과 최종 의사결정권자까지 포함되어 매우 복합적으로 얽혀 있다. 특히 제품 사양서, 기술 자료, 성능 테스트 결과 등 제품 기술과 성능에 대한 상세한 정보를 요구하며, 제품의 성능, 신뢰성, 내구성, 비용 효율성, 유지 보수 등의 요소를 고려하여 제품을 평가한다. 산업재의 경우 기업의 생산이나 업무에 직접적인 영향을 미치기 때문에 제품의 품질, 공급 안정성, 기술 지원 등의 위험 요소를 고려하게 된다. 또, 이에 대해 구매 후 지속적인 평가를 통해 구매 결정의 효과 확인 및 재구매와 반복, 추가 구매 등을 결정하게 된다. 이러한 이유로 제품 선택과 구매 의사 결정에 중요한 요소들은 기업 상황이나 제품의 특성에 따라 달라질 수 있다. 다만, 그중에서도 제품의 기능과 가격, 그리고 디자인과 편의성 등이 주요 요인으로 우선순위에 있다고 하겠다.

그런데 산업 분야가 다르고, 제품의 특성이 다르며, 선택을 위해 고려할 사항들이나 우선순위가 다르고, 의사결정 단계가 단순하거나 복잡해 보이지만 구매 의사결정 과정을 보면 소비재나 산업재의 고객이 크게 다르지 않다는 것을 알 수 있다. 구성과 내용만 다를 뿐 패턴은 비슷하고 몇 가지 공통점이 있다. 소비재와 산업재 구매자 모두 가장 먼저 고객의 문제해결을 위한 솔루션을 제공할 제품에 대한 정보를 수집한다. 제품 사양, 성능과 품질, 디자인을 평가한다. 그에 따른 편의성과 베니핏(Benefit)은 무엇인지, 지불 능력과 예산 범위 내에서 적정한 가격인지, 거기에 더해 브랜드 이미지나 브랜드 평판 등을 고려해 제품 선택과 구매 결정을 내린다. 그리고 그 기대에 대한 욕구 충족 정도에 따라 구매 후 행동으로 나타나는 고객 충성도가 결정된다.

이러한 구매 행동 과정에서 고객은 이성적으로 선택하고 객관적으로 의사결정을 내리고 싶어 할 것이다. 그래야만 올바른 상품을 올바로 선택하는 합리적인 구매 행동을 일으킨다고 믿고 싶은 것이다. 그러나 아무리 이성적인 사고와 판단을 내리려 해도 사람은 감정이 있다. 감성적 자극으로부터 자동적으로 생성되는 감정을 억제하기는 어렵다. 잠시 통제할 수는 있어도 살아있고 사유하는 뇌가 있다면 이성과 감성은 서로 정보를 공유하고 교류하며 서로 견제하며 결정하기를 지속한다.

이에 대해 조금 더 말해보자. 인간의 합리적 의사결정에 대해 경제학에 적용한 개념은 '호모 이코노미쿠스(Homo Economicus, 경제적 인간)'로 경제활동의 주체가 되는 전형적 인간형을 일컫는다. 즉, 전통적인 경제학 이론에 따르면 합리적이고 계산적이며 이성적으로 자신의 행동을 통제할 수 있는 인간상을 전제로 하므로, 인간은 실수 없는 완벽한 소비활동을 할 것처럼 보인다. 욕망이나 충동, 직관 등 감정에 의한 판단이 아니라 철저한 논리적 규칙과 절차에 따라 추론한 결과를 따른다는 것이다.

그러나 이 합리적 의사결정에 대한 이론은 노벨경제학상을 수상한 하버트 A. 사이먼에 의해 '제한적 합리성'이라는 이론으로 한계를 드러낸다. 인간은 정보의 보유량과 처리능력에 한계가 있는 존재로 결국 자신의 지식 범위 안에서 이해하거나 이전에 경험한 것들의 제한적 경계 위에서 판단하고 결정한다고 했다. 즉, 우리가 매우 이성적이고 합리성을 가진 것처럼 보이지만, 실제로는 어떤 의사결정을 할 때에 자신의 지식과 경험, 그리고 얻을 수 있는 정보 내에서 판단하는 사고체계의 제한성을 드러낸다는 것이다.

그러므로 보다 나은 의사결정을 하기 위해서는 바로 그 제한적 범위를 넓게 가져야 조금 더 최선의 의사결정으로 최적의 선택을 할 수 있다. 하지만 아무리 많은 지식과 경험이 있더라도 최종 선택을 해야 할 순간이 되면 역시 고민하게 되고, 쉽게 결정을 내리지 못하게 마련이다. 심사숙고해 내린 결정조차 완전히 만족하고 다시 후회하지 않을 선택이기란 쉽지 않다.

이러한 인간적 고뇌를 덜어 주고, 실제적인 인간행동을 규명한 분야가 바로 행동경제학이다. 이들보다 앞서 노벨경제학상을 수상한 심리학자 대니얼 카너먼은 '사람은 여러 가지 다양한 요인들에 의해 경제적 행동을 한다.'라고 주장한다. 즉, 사회적·인지적·감정적 이유와 편향에 의해 일어나는 심리적 현상에 따라 소비 선택을 하고 행동에 옮긴다는 것이다. 또 "인간의 감성은 욕구 또는 본능이며, 이것은 이성에 의해 억제될 수 있다."라고 한 철학자 칸트의 말을 다시 한번 살펴보자. 이성에 의해 감성이 조절될 수는 있지만, 완전하게 억제될 수는 없지 않은가? 더구나 심리학자 다니엘 골먼에 의하면 "인간은 이성에 호소하는 데에 한계가 있고 감성, 감정에 호소해야 변할 수 있다."라고 했다.

이성적 인간이라지만 결국 감정적 의사결정과 행동을 하게 된다는 결론을 얻을 수 있다. 그는 정직한 가격표를 공개한 백화점보다 세일쿠폰을 남발하는 백화점을 선택하는 사람들, 물건값이 싸다는 이유만으로 필요하지도 않으면서 구매하는 사람들에 대해 의문이 있었다. 이는 주류경제학에서 정의한 '호모 이코노미쿠스'의 합리적이고 현명한 인간의 행동이 아니라, 비합리적이고 어리석은 소비 행동에 주목한 것이다.

행동경제학자 리처드 탈러가 그의 저서 『넛지(Nudge)』에서 고객의 선택을 유도하기 위해 강조한 바가 바로 그것이다. '똑똑한 사람들의 멍청한 선택'이라 불리는 이러한 소비 행동은 자신의 결정이 현명하다는 착각에 빠지면서 결국은 감정적으로 자기만족을 선택하는 모순을 말한 것으로, 고객의 선택과 결정을 촉진하기 위해 어떤 마케팅 전략을 사용해야 하는지를 말해주고 있다. 소비 행동 및 구매 의사결정은 상당히 이성적으로 보이지만, 이 또한 감성적임을 잊지 말아야 한다. 아니, 고객의 감정이 가진 파워를 결코 무시해서는 안 된다. 더 나아가 감정을 자극하고 만족시킬 감성 요소를 다양한 방법으로 적극 활용하는 '감성마케팅'으로, 고객의 선택과 구매 결정을 효과적으로 '넛지'할 수 있을 것이다. 제품을 선택하고 구매를 결정하는 힘은 고객의 감정이 좌우한다. 고객의 감정을 기쁘고, 행복하고, 만족스럽게 할 감성마케팅을 활용해야 한다.

# 제품을 팔지 말고, 고객의 경험을 팔아라!

: 오티스는 엘리베이터가 아니라 안전을 팔고, 나이키는 신발이 아니라 스포츠를 팔며, 스타벅스는 커피가 아니라 문화를 판다는 얘기가 있지 않은가? 고객은 단순히 그 제품의 기능만을 사는 것이 아니라, 그 제품을 통해 어떤 가치를 얻는가, 그 경험을 더 중요하게 여기고 있다. 고객에게 독특하고 기억에 남는 경험을 제공함으로써 더욱 성공적인 마케팅을 할 수 있다.

아직도 제품만 팔고 있느냐고, 제품을 팔기 위해 무엇을 하느냐고, 고객이 제품을 사면서 또 무엇을 얻느냐고 묻는다면 어떤 대답을 할 수 있을까? 필자의 경우에는 '성공하고 싶으면 당신의 고객에게 제품을 팔지 말고, 경험을 팔아라!'라고 조언한다.

무슨 말일까? 고객에게 제품을 파는 것은 당연한 일인데, 그것을 팔지 말라니, 그리고 경험을 팔라는 말은 또 무엇을 의미하는 것일까? 이 말의 의미를 이해하지 못했다면 지금부터라도 성공 창업을 위한 마케팅 관점에서 발상의 전환이 필요하다. 고객에게 경험을 판다는 것은 무엇인지 지금부터 자세히 알아보자.

기업이 생산한 제품이나 서비스를 시장에 진출시켜 매출을 올리려면 고객을 창출해야 한다. 좀 더 직접적으로 말하면 고객이 시장에서 형성된 적정가격을 지불하고 제품이나 서비스를 구매하는 거래가 이뤄져야 한다. 그러기 위해 기업에서는 제품 판매를 위한 효율적인 세일즈 전략을 수립하고 효과적인 마케팅을 지속해야 한다. 핵심고객을 찾기 위한 시장 세분화와 가격전략, 유통 전략 및 프로모션을 적극적으로 수행하면서 고객 서비스를 강화하는 데 전력을 다하게 된다. 시장에서 성공하기 위해 제품과 서비스의 경쟁력 강화를 위한 수단을 강구하고, 가능한 방법을 실행하는 것이 당연하다.

그러나 이러한 기본적인 마케팅 전략과 세일즈에 엄청난 투자와 노력을 했음에도 판매 전략의 실패로 고객창출과 매출 증대의 부진으로 성공 창업이 어려움에 직면하는 경우가 많다. 이런 결과를 가져온 원인에는 여러 가지가 있겠지만, 무엇보다도 고객 중심, 고객 지향적 마케팅 전략보다는 기업 중심, 제품 중심의 판매 활동이었을 가능성이 높다. 기업은 고객이 사고 싶은 것, 구매하고 싶은 것이 단지 제품이나 서비스 자체만이 아님을 가장 먼저 깨달아야 한다.

고객은 기업의 생산하고 판매하는 제품이나 서비스를 통해서 자신이 느낀 불편함이나 문제를 해결하기를 원한다. 즉 고객은 그 제품과 서비스를 사용하고 이용하는 과정에서 제품 가치와 서비스 가치에 대해 판단을 내리게 된다. 또한 해당 제품과 서비스의 핵심 기능, 핵심 가치 이외에도 부가적인 이익, 추가적인 혜택들 기대하기도 한다. 그뿐만 아니라 제품을 탐색하고, 비교·평가하고 구매하는 과정에서 겪게 되는 절차나 서비스 등이 제품 선택과 구매 결정을 좌우하는 중요한 요인이 된다.

이렇게 고객은 제품과 서비스에 대한 경험을 중시한다. 정확히 말하면 고객은 사기 전에 미리 경험하고 싶어 하고, 그 경험에 만족했다면 구매 의사결정을 내릴 것이며, 구매한 이후에도 그러한 경험을 계속 유지하고 싶어 한다. 그리고 기업의 고객관계 관리를 통한 지속적인 연결과 혜택, 문제 발생 시 받을 수 있는 A/S나 교환, 환불 정책도 고객의 구매 후 행동과 충성도에 큰 영향을 준다. 그러므로 기업은 단지 제품의 기능이나 서비스의 차별성만으로 경쟁력을 확보했다고 해서 매출 증대와 수익성이 높아지리라고 믿어서는 안 된다. 고객에게 제품과 서비스에 대해 직간접적으로 가능한 많은 것들을 경험하고 체험할 기회를 제공하도록 해야 한다. 특히 고객의 감정을 관리하고 긍정적인 감정을 형성할 수 있는 다양한 경험의 기회를 체험하도록 감성마케팅 전략을 촉진해야 한다.

경험 마케팅을 통해 고객에게 독특하고 기억에 남는 경험을 제공함으로써 더욱 성공적인 마케팅을 할 수 있다. 고객이 감성적인 자극을 받음으로써 강한 감정적 반응을 일으키며 브랜드에 대한 긍정적인 인식을 형성하는 것을 목표로 전략을 수립하고 다양한 방법을 사용해야 한다. 예를 들어 이벤트, 전시회, 체험형 매장, 가상 현실 체험 등이 있다. 이 중에서도 체험형 매장은 고객이 제품을 직접 체험할 수 있는 공간을 제공하여 브랜드와의 상호작용을 활발히 촉진할 수 있다. 최근 고객들의 뜨거운 호응과 참여 열기 속에서 기업들의 경쟁적 마케팅 플레이스이자 그 자체로 상권이 형성되기도 하는 '팝업 스토어'의 성공 요인이 바로 여기에 있다. '놀거리'와 '즐길 거리'가 충분한 공간에서 자연스럽게 제품과 서비스를 경험하게 만든다. 이런 경우에는 브랜드 애착과 충성도 향상 및 흥미로운 경험을 통해 제품을 기억하게 한 덕분에 구매 행동으로 이어질 가능성이 높다. 그러한 고객의 긍정적 경험은 구전이나 소셜 미디어를 통해 공유되면서 브랜드의 인지도 상승과 제품홍보 파급력을 기대할 수 있다. 나아가 더 많은 고객을 참여시키며 브랜드와의 상호작용을 촉진하고, 관계를 강화할 수 있다. 온라인 유통채널과 편의점에 상권과 매출을 빼앗긴 대형마트와 백화점마저 고객유인과 매출 증대를 위해 팝업 스토어를 접목하거나, 기존의 제품전시 공간을 탈바꿈해 새로운 체험 공간과 고유문화를 창출하며 고객감성을 자극하는 것도 고객 경험마케팅 전략이다.

　오티스는 엘리베이터가 아니라 안전을 팔고, 나이키는 신발이 아니라 스포츠를 팔며, 스타벅스는 커피가 아니라 문화를 판다는 얘기가 있지 않은가? 고객은 단순히 그 제품의 기능만을 사는 것이 아니다. 그 제품을 통해 어떤 가치를 얻는가, 그 경험을 더 중요하게 여기고 있다. 이러한 경험 마케팅을 적용하면 간접적인 방법으로도 강렬한 효과를 얻을 수 있고, 반복적으로 제품이나 브랜드를 노출함으로써 정보 전달은 물론 교육과 인식을 강화해 갈 수 있다. 동료 고객의 경험을 자신과 동일시하면서 대리 만족과 가치 체험 효과를 얻게 하는 것이다.
　쉬운 예로, 요즈음 등장하는 TV나 동영상 플랫폼들의 광고를 보아도 쉽게 이해할 수 있다. 단지 이동 수단이 아닌 드라이브를 즐기며 성공한 자신의 정체성을 확인하는 럭셔리 자동차 광고, 디지털 문화를 맘껏 누리는 스마트 라이프의 가전제품 광고, 차별화된 공간 창출로 안락함과 동시에 투자가치를 강조하는 아파트 광고가 그렇다. 삶에 지친 이들이 음료 한 잔에 에너지를 얻어 다시 뛰어오르는 행복을 맛보고, 맥주 한 잔에 스트레스를 날려버리는 통쾌함을 선사한다. 이러한 다른 고객의 간접경험을 고객 자신이 직접 경험하고 싶어 하는 것이다.

이렇게 고객에게 단지 제품을 사게 하고, 사용하게 하는 소유 중심의 일차적 가치를 주는 것에서 부가적으로 경험 중심의 이차적 가치를 제공할 수 있는 다양한 마케팅 전략이 필요하다. 어떤 것이든 고객의 관심을 끌어낼 수 있는 차별화된 장치나 도구를 마련하고, 그 속에서 고객이 가능하면 오랫동안, 그리고 자주 머무를 수 있게 해야 한다. 그것이 시설이든 시스템이든 사람이든, 그리고 직접적이든 간접적이든 그 어떤 요소라도 좋다. 다른 곳에는 없는 특별함, 단 한 가지 요소라도 그 제품에서만 유일하게 고객이 경험할 수 있는 것이면 된다. 그 제품을 연상하면 떠오를 수 있는 독특한 포인트가 확실하게 있어야 한다.

이처럼 고객으로 하여금 기업과 연관된 어떤 요소나 제품이 제공하는 어떤 가치를 보고, 듣고, 느끼며 체험하도록 만들어 주어야 한다. 설사 그 체험 과정이 고객에게 다소 불편하고 때로는 불필요하다고 여길 수 있는 것일지라도 이유를 설명하며 적용해 보는 것도 좋다. 의외로 고객들이 통제와 제약을 받는 것들을 즐기거나 특별한 의미를 부여하고 일종의 문화로 여기며 마니아층이 생기기도 한다. 또 뜻밖의 체험으로 낯설고 이색적인 것도 시도해 볼 수 있는데, 색다른 즐거움과 함께 어느새 익숙해진 고객들은 오히려 편리하게 여기는 경우들도 있다.

이렇게 고객이 경험한 긍정적인 반응을 기록한 리뷰나 체험 스토리는 다른 고객들에게 그 어떤 광고나 홍보보다 공감을 얻고 설득력 있는 자료가 된다. 공급자 입장보다 수요자 입장, 생산자 입장보다 소비자 입장, 판매자 입장보다 구매자 입장에서 직간접적인 경험이 높은 신뢰를 주는 것이다. 그러므로 고객이 만족한 경험담은 최고의 마케팅 전략, 가장 좋은 홍보 효과를 얻을 수 있다. 따라서 기업은 제품 자체로만 다가갈 것이 아니라, 제품으로부터 감성적으로 얻을 수 있는 경험을 판매하여 고객의 감정을 얻는 마케팅 전략으로 창업 환경에서 살아남고, 계속 성장할 수 있어야겠다.

## 3

# 고객을 끌어당길 마케팅 혁신
# ERRC 전략 기법

: 새롭게 창출해야 할 부분에는 과감히 투자하고 줄여야 할 부분은 감소시키거나 제거한다는 것이다. 이는 변화와 혁신이 요구되는 다양한 상황에 적용해 볼 수 있는 매우 유용한 도구다. 무엇보다도 목적 달성에 필요한 사항과 실행계획을 일목요연하게 한눈에 정리할 수 있어서 좋고, 누가 보더라도 쉽게 이해할 수 있으므로 커뮤니케이션에도 큰 도움이 된다.

'마케팅 전략을 과감하게 혁신하고 싶지만, 구체적인 방법을 모르겠다.'

'기존의 마케팅 방식에서 탈피하기 위해 혁신적 전략을 어떤 방법으로 접근하고 싶지만 적용이 어렵다.'

이러한 하소연을 종종 들어본 적이 있다. 성공적인 사업화를 목표로 하는 창업 기업들이라면 고객창출을 위한 마케팅 전략에 전력을 다하게 된다. 무엇인가 변화를 추구하고 새로운 프레임으로 새로운 시장을 만들고 판로를 개척하려면 당연히 그래야 한다. 또 시장진출 후 답보상태에 있거나 매출 하락으로 무너져가는 상황이거나, 더 절박하게는 기업 생존의 위협을 받는 위기에 처한 경우도 있을 것이다.

마치 자석이 철을 흡입하여 자기장을 형성하듯 기업은 고객을 끌어당겨 시장을 형성해야 생존도 가능하고 성장도 기대할 수 있다. 획기적인 뉴마케팅 기법으로 시장진출을 목표로 하거나 매출 증대를 위한 돌파구가 필요해 상황 전환이 필요할 때 기업이 벤치마킹을 통한 리모델링 기법을 사용한다면 성공 가능성이 높다.

벤치마킹(Benchmarking)은 기업이 특정 분야에서 뛰어난 성과를 올린 기업의 상품이나 기술, 경영 방식을 배워 자사의 경영과 생산에 합법적으로 응용하는 것을 말하는 것으로, 창업 기업들이 적절히 잘 활용한다면 성공 전략에 매우 도움이 된다. 벤치마킹은 원래 토목 분야에서 사용되던 말인데, 강물 등의 높낮이를 측정하기 위해 설치된 기준점을 벤치마크(Benchmark)라 하고, 그것을 세우거나 활용하는 일을 벤치마킹이라고 부른다. 경영 분야에서는 1982년 미국의 뉴욕주 로체스터에서 열린 제록스사의 교육 및 조직 개발 전문가 모임에서 이 용어가 처음 사용된 이후 기업들은 우수 사례의 뛰어난 운영프로세스를 배우면서 부단히 자기혁신을 추구하는 경영 기법으로 활용해 오고 있다. 이것은 타사의 장점이나 성공 전략을 합법적으로 도입하고, 기준을 삼아 자사의 상황에 맞게 생산 방식이나 마케팅 전략을 재창조한다는 점에서 그대로 적용하는 단순한 모방과는 다르다.

그렇다면 벤치마킹을 어떻게 해야 효과적일까? 성공 모델의 기준을 삼는 우수 기업을 자사의 기준과 상황에 최적화된 리모델링 방법은 무엇일까? 여기에서 필자는 조직이나 기업 경영 컨설팅에서 활용하는 분석 전략, ERRC 기법을 권장한다. ERRC 기법은 마이크로소프트 CEO인 사티아 나델라가 제시했던 혁신적인 전략이다. ERRC는 Eliminate(제거), Raise(증가), Reduce(감소), Create(창조)의 약자인데, 요점은 새롭게 창출해야 할 부분에는 과감히 투자하고 줄여야 할 부분은 감소시키거나 제거한다는 것이다. 이는 변화와 혁신이 요구되는 다양한 상황에 적용해 볼 수 있는 매우 유용한 도구다. 무엇보다도 목적 달성에 필요한 사항과 실행계획을 일목요연하게 한눈에 정리할 수 있어서 좋고, 누가 보더라도 쉽게 이해할 수 있으므로 커뮤니케이션에도 큰 도움이 된다.

ERRC(Eliminate-Reduce-Raise-Create)의 4가지 개념에 대해 조금 더 알아보자. 순서대로 이르자면, 현재의 시점에서 완전히 제거해서 버려야 할 요소, 현재보다 과감히 줄여야 할 요소, 그리고 지금보다 더 증가시켜야 할 요소와 지금은 없지만 새롭게 창출해야 할 요소를 말한다. 이는 기존의 체계나 습관, 익숙한 사고방식이나 고정된 프레임에서 벗어나야 가능하다. 그러므로 ERRC를 통한 성공적인 리모델링을 위해서는 이를 실행시키고자 하는 강력한 의지와 혁신적으로 변화하려는 목표 의식이 반드시 선행되어야 한다. 이 말은 어정쩡한 접근 방식과 소극적인 적용을 하거나, 중도에 전략 수정이 애매하다면 지지부진한 추진으로 실패하게 되거나 충분한 효과를 거두기 어렵다는 것이다. 버리는 것 같지만 아쉬워서 다시 주워 담고, 줄였다가도 습관대로 어느새 늘리며, 올리려다가 망설이며 다시 내리고, 용기가 부족하면 도전도 창조도 불가능할 것이다.

최근 ERRC 전략을 성공적으로 적용한 사례라고 할 수 있는 경우를 예로 들어보자. 세계 시장에서도 경쟁력을 갖고 매출이 늘어나고 지속적으로 시장 규모가 확장되는 아이템 중 하나가 바로 인스턴트 커피믹스다. 그런데 이 제품군에서도 새로운 아이템으로 새로운 시장을 만들고 성장해 나가는 커피믹스 제품이 있는데, 다름 아닌 단백질 커피믹스다. 단백질 커피믹스가 어떻게 ERRC 기법을 적용해 성공하고 있는지 알아보자.

이를 위해 먼저 앞 장에서 시장진출과 판로개척의 성공을 위한 세일즈 전략 중 하나로 POP(유사성)와 PDP(차별성)를 강조했었는데, 단백질 커피믹스의 유사성과 차별성에 대해 비교해 보면 ERRC 적용이 쉬워진다. 먼저 유사성 측면은 기존 시장에서 성공한 아이템인 인스턴트 커피믹스의 최대 성공 요소라고 할 수 있는 '사용자 편의성'이라는 이성적 요소와 '맛과 일상의 즐거움'이라는 감성적 요소다. 이런 부분은 기존 시장이 이미 충분히 형성되어 있고 고객에게 친숙한 아이템이라는 장점이 있다. 그런가 하면 차별성 측면은 무엇인가? 커피믹스 시장이 커짐과 동시에 항상 위협요인으로 작용했던 부정적 이미지가 혈당을 상승시킨다는 이유로 건강에 해롭다는 것이다. 더구나 최근 건강에 대한 관심이 깊어지면서 식음료뿐 아니라 헬스케어 관련 시장은 가히 폭발적인 성장세로 커지는 추세다. 따라서 단백질 커피믹스 설탕 대신 단백질을 넣어 기존 아이템을 혁신시켰고, 이것이 시장진출에 성공하게 된 핵심 요소가 되었다.

이를 ERRC 전략으로 정리해 보면 Eliminate(제거)의 경우 '설탕'을 과감히 뺌으로써 고객의 고민거리를 걷어주고, 접근성에 대한 장애 요인을 없앤 것이다. Reduce(감소) 요인으로는 '커피믹스로 인한 건강 걱정'을 덜어내 혈당 상승 우려를 줄여 준 것을 들 수 있다. Raise(증가)로는 '마실수록 더 건강해지는 커피', '고급스러운 커피 이미지로 높아진 가격' 정책을 통한 프리미엄 커피라는 이미지를 준 것을 들 수 있다. 그리고 Create(창조)에 해당하는 요소는 '설탕을 대체할 단맛, 식물성 스테비아'와 '면역과 근육생성을 돕는 단백질'을 첨가한 혁신성이다. 심지어 오히려 마실수록 더 건강해진다는 인식까지 생기게 했으니, 얼마나 창의적인가? 대부분의 사람들은 이제 커피를 포기할 수 없으며, 커피는 기호식품을 넘어 전 국민, 전 세계의 애호 식품이 되어있는 가운데, 출시 후 공격적이고 전폭적인 광고와 홍보 전략으로 시장진출에 성공했다. 그리고 단백질 커피의 ERRC 기법은 혁신적인 제품 개발 기술과 기능의 이성적 요인과 고객 문제를 명확히 인식하고 창의적 솔루션을 제공하면서 감성적으로 파고드는 감성마케팅 전략으로 벤치마킹과 리모델링의 성공한 사례라 하겠다.

또 다른 예로는 최근 급성장한 저가 항공(LCC: Low Cost Carrier)을 들 수 있는데, 저비용 항공사의 ERRC 전략 기법의 핵심 포인트를 간략히 보자. Eliminate(제거)는 음료서비스와 무료기내식 전략, Reduce(감소)는 각 항공사마다 기종을 최소화해 교육뿐 아니라 정비 등 유지보수 비용 절감, Raise(증가)는 기존 항공사가 수익성을 고려해 줄이고 있는 단거리 노선은 오히려 증가, Create(창조)는 기존 항공사 노선에 없는 새로운 노선 개척으로 요약할 수 있다. 이렇게 기존 항공사를 벤치마킹하고 전략을 리모델링한 결과, 항공기 이용에 필수적인 가치 제공을 통해 고객에게 더 저렴한 가격으로 더 새로운 노선에 더 많은 이용 기회를 제공함으로써 마케팅에 성공하고 있다. 또 최근 안전에 대한 우려가 높아지자 항공사들은 발빠르게 Reduce(감소) 요소로 각 항공기마다 비행 횟수를 줄이고, Raise(증가) 요소로는 정비강화와 각 항공기의 비행 간격을 늘리는 정책수립 및 홍보로 위기를 돌파해 나가고 있다.

이러한 ERRC 전략은 마케팅 전략은 시장진출 시 성패를 좌우하는 가장 민감한 요소다. 특히 기업에서는 가격결정을 할 때 고민을 많이 하게 되는데, 또 다른 의미의 ERRC 전략을 적용할 수 있다. 그것은 원가(Cost), 경쟁(Rivalry), 고객(Customer), 기업(Company) 요인을 고려해서 책정하는 것이다. 즉 제품을 생산하고 판매하는 데 드는 원가, 경쟁 업체의 가격정책과 시장에서의 경쟁력, 고객의 구매력과 구매 의향, 그리고 기업의 목표, 이익 정책 등을 분석하고 적용하여 가격을 결정하는 전략이다. 이때 시장 경쟁력을 극대화하는 전략, 그리고 고객만족의 가격전략, 고객의 감정을 행복하게 만드는 감성마케팅으로 접근해야 더 성공할 수 있다.

# 4

# 지속가능한 ESG전략과 감성마케팅의 만남

: 성공 창업을 위한 사업화 전반에 걸쳐 ESG경영은 선택이 아니라 필수가 되었다. 사업기획 단계부터 ESG 전략을 접목하고, 각 단계마다 실천 방안을 수립해 적극적으로 실행할 필요가 명확해졌다. 창업 준비부터 ESG에 대해 충분히 인식하고 사업계획을 세우고 작은 것부터, 가능한 것부터 할 수 있는 것만이라도 추진해야 한다. ESG경영은 더 이상 선택이 아닌 필수다.

'기업, 돈만 잘 번다고 다가 아니다. 사회적 책임을 다해야 한다.'

'돈을 잘 버는 기업이 되려면 사회적 책임은 이제 선택이 아니라 필수다.'

이처럼 기업의 사회적 책임을 강조하는 시대로 21세기에 존경받는 기업과 지속가능한 기업이 갖춰야 할 최고 조건은 사회적 책임을 다하는 것이라는 데에 이견이 없다. '기업의 사회적 책임(CSR: Corporate Social Responsibility)', 이 CSR 개념이 최근 들어 ESG라는 개념으로 진화하여 더욱 트렌디한 경영 전략으로 떠올라 대세가 되고 있다. 그렇다면 성공 창업을 위해 ESG경영은 어떻게 적용하고, 마케팅에는 어떤 영향을 미치며, 특히 고객의 감성과 감정에는 어떻게 작용하는지 알아보자.

먼저 ESG는 기업의 비재무적 요소인 환경(Environment)·사회(Social)·지배구조(Governance) 요인이다. 이는 기업 활동이 사회에 이익이 되어 지속가능 경영이 가능한지에 관한 것으로, 투자자나 투자기관들의 투자 의사 결정 시 ESG 평가 정보가 중요한 기준이 되고 있다. 2000년 영국을 시작으로 스웨덴, 독일, 캐나다, 벨기에, 프랑스 등 여러 나라에서는 연기금을 중심으로 ESG 정보 공시 의무 제도를 도입했다. 유엔은 2006년 출범한 유엔책임투자원칙(UNPRI)을 통해 ESG 이슈를 고려한 사회책임투자를 장려하고 있으며, 2021년 세계적인 투자사인 블랙록의 래리 핑크 회장이 이에 대해 강력하게 선언함으로써 그야말로 세계는 ESG경영으로 빨려 들어가듯 소용돌이쳤다. 이렇게 몇 년 사이 급속하게 진행되며, 미처 이에 대한 인식이 낮고 준비도 덜 된 전 세계 기업들에 휩쓸아치던 ESG경영은 그 강압적 적용으로 인한 부작용이 여기저기서 나타났다. 또한, 저성장과 경제 불황 속에서 위기 탈출이 절실해짐에 따라 강대국들의 정책 기조의 변동성이 나타나면서 그 세기가 다소 약화되는 듯 보이기도 한다.

그러나 지구 온난화의 가속화로 인한 기후 재난은 지구의 생명을 위태롭게 하고, 가뭄·폭우·폭설·대형 산불 등 무시무시한 자연재해에 대한 불안과 우려 속에서 살고 있는 인류에게 ESG는 선제적으로 해결하고 실천해야 할 공통 과제이다. 환경을 보호하고 인권을 중시하며 윤리적으로 투명하게 경영하는 기업, 그래서 사회적 가치를 창출하는 것은 기업의 존재 이유이고 사명이 되었다. 지속가능한 지구와 인류를 위한 ESG경영을 실천하는 기업의 제품이나 서비스가 시장에서 선택받고 생존과 성장을 지속할 수 있으며, 그런 기업에 기관의 투자와 국가·정부 지원이 이뤄지는 것이 당연하게 여겨진다.

고객들도 이미 ESG경영에 대한 인식과 요구가 계속 높아지고 있다. 그뿐만 아니라, 시장에서 선택과 결정을 할 때도 ESG관련 가치소비를 하고 있다. 따라서 소비재를 생산하는 기업은 물론이고, 이를 위한 중간재나 산업재를 생산·판매하는 기업들도 공급망 관리(SCM: Supply Chain Management) 시스템 속에서 살아남기 위해서는 피할 수 없는 상황을 맞았다. 법적 규제나 무역규제의 적용 기준과 범위가 늘어나고, 엄격해지고 있기 때문이다. 창업으로 사업화에 성공하기 위해서는 이제 사업기획부터 ESG경영을 기초부터 설계해 나가고, 이를 전략적으로 마케팅해야 한다. 이렇게 하는 것에 대해 불필요한 것을 해야 하며 비용만 추가되고 사업화를 지연시킨다고 생각하면 매우 그릇된 판단이다. 사실 생각해 보면 사업을 하고, 기업을 경영한다면 당연히 해야 하는 개념이 ESG경영 아닌가?

그러므로 성공 창업을 위해 ESG경영 전략을 적용하고, 공감과 설득으로 고객이 구매를 결정하도록 끌어당기려면 마케팅에 적극 활용해야 한다. 이럴 경우 오히려 새로운 비즈니스 기회 창출과 차별화된 경쟁력을 강화해 성장 잠재력을 높일 수 있는데 그 이유를 몇 가지 들어보겠다.

첫째, 사업과 관련된 이해관계자의 요구, 투자자들과 외부 고객들은 물론 내부 구성원들과 지역사회의 요구에 부응하고 신뢰와 평판을 구축할 수 있다. 둘째는 사전에 기업 경영과 관련된 위험(Risk) 관리에 도움이 된다. 셋째, 환경친화적인 기술과 제품 및 서비스 개발, 사회적 문제해결에 기여하는 혁신적인 솔루션 제공 등을 통해 기업은 새로운 시장을 개척하고 성장할 수 있다. 넷째, 규제 준수 강화를 통해 이와 관련된 법적 문제를 예방하고 대응책을 마련해 지역사회를 넘어 글로벌 시장진출을 위한 대비를 할 수 있다.

그러면 창업 기업의 사업화 성공을 위해 ESG경영과 마케팅을 접목할 효과적인 방법은 무엇일까? ESG 각각의 측면에서 성공적인 사업화 전략 수립과 마케팅에 적용할 수 있는 구체적인 사항들을 보자.

먼저 '환경적 측면'에서는 한마디로 온실가스 배출량을 감소시키고 친환경적 경영 전략을 수립하고 우선적으로 추진해야 한다. 여기에는 녹색기술, 친환경 기술을 기반으로 제품 개발 및 제품이 가진 기능과 기술력, 원료, 포장, 생산, 에너지, 유통, 판매에 이르기까지 제품과 관련된 가치사슬(밸류체인, Value Chain) 전 과정은 물론 판매 후 고객의 사용, 그리고 사용 후 폐기에 이르기까지 모두 포함된다. 최대한 환경 파괴를 막고, 각 과정마다 하나하나, 기업 상황과 제품 특성에 맞게 적용할 수 있다.

다음은 '사회적 측면'이다. 노동 조건 개선, 근로자의 인권 보호, 공정하고 평등한 고용 기회 제공, 교육, 훈련, 안전, 복지에 이르기까지 차별적 요인을 해소하고, 인권 보호와 존중 등 사회적 책임 이

행에 대한 사항들에 대한 경영 전략과 관리, 실행 내용이 여기에 포함된다.

그리고 '지배구조 측면'은 기업이 사회적 책임을 다하겠다는 윤리 경영 철학과 방침, 회계 및 재무 현황에 대한 투명 공개, 공급망 내 기업 간의 공정한 거래, 법규 준수 등에 대한 경영 전략이 해당된다. 이러한 각 항들에 대한 구체적인 내용은 지속가능경영보고서 작성과 ESG경영 가이드라인과 체크리스트 등을 참고하고 활용하면 된다.

따라서 기업이 ESG전략을 무시하거나 배제한다면 당장 판로개척이 어려울 수도 있고, 잠재적인 부정적 리스크로 인해 장기적인 기업가치 창출이 불가능할 처지에 놓일 가능성이 높아졌다. 정부 등 창업 정책 지원의 우선순위에서 밀리거나 금융권으로부터 대출 등 자금 확보가 어렵고 특히 국내외 투자 유치 어려움을 겪게 된다. 특히 ESG 관련 이슈에 대한 소비자의 관심이 높아짐에 따라 평판 손상으로 인해 B2C(Business to Consumer) 시장에서 고객창출이 어렵게 된다. 또 ESG 관련 규제와 기준이 강화되면서, 법적 문제에 직면할 수 있는데, 공급망 등 B2B(Business to Business) 시장이나 B2G(Business to Government)로의 판로개척이 불리하거나 불가능할 수도 있다. 나아가 ESG전략을 무시하는 기업은 기업평판이 나빠지고, 기업의 성장 가능성도 불투명해지면 인재 유치 어려움을 겪는 등 기업의 존립이 위태롭기 그지없어진다.

반대로 ESG경영을 중시하고 실행하면, 구성원의 자긍심이 고취되고 우수 인재 채용 기회가 많아진다. 그리고 기업 브랜드 차별화로 긍정적 이미지가 구축되고, 고객의 구매 의도가 증가한다. 또 기업 홍보 활동에 도움이 되어 어떤 이슈가 발생하더라도 비판 수위의 감소 효과를 얻어 위험 관리에 효과적이다. 이는 일종의 감성마케팅 전략으로, 상품 이미지를 개선하고 경쟁우위를 확보한다는 점에서 창업 기업의 생존과 성장에 필수불가결하다.

그러므로 성공 창업을 위한 사업화 전반에 걸쳐 ESG전략은 선택이 아니라 필수다. 사업기획부터 ESG전략을 접목하고, 각 단계마다 적극적으로 실행할 이유가 명확해졌다. 다만, 기업 규모가 작은 중소기업, 자영업 등의 창업 초기에는 ESG경영 지표나 권장 가이드라인에서 제시하고 있는 모든 항목을 다 접목할 수는 없다. 아마 엄두가 나지 않을 것이다.

그러나 창업 준비부터 ESG에 대해 충분히 인식하고 사업계획을 세우며 작은 것부터, 가능한 것부터 할 수 있는 것만이라도 추진해야 한다. 그래야 추후 이와 관련된 문제로 길이 막힐 위험이 적고, 설사 장벽을 만나더라도 해결이 수월해질 것이다. 그뿐만 아니라 개인이든 기업이든 정부든, 성공 창업을 위한 내외부 고객들이나 이해관계자들의 공감과 설득을 얻기 위한 호의적 감정 형성을 돕기 위해 필요한 도구가 된다. ESG경영 전략 실천에 대한 객관적인 자료를 제시함으로써 이성적 판단을 내리는 데에 필요한 근거가 되고, 긍정적인 감성으로 작용하여 구매 의사결정을 촉진할 수 있다.

즉, ESG경영을 실천하는 기업은 고객의 신뢰를 확보하고 장기적인 투자 유지가 뒷받침되어 지속가능한 성장이 가능할 것이다. 반대로 ESG경영을 실천하지 않는 기업은 시장에서 브랜드 가치의 하락으로 법적 리스크가 증가하면 투자 유치 기회를 상실해 더 이상 생존하기조차 힘든 상황에 직면하게 된다. 따라서 ESG경영은 이제 더 이상 선택이 아닌 필수 전략이다.

## 5

# 고객의 감성 자극과
# 감정을 사로잡는 힘

: 고객과 다양한 방법으로 소통하면서 고객의 감정을 읽고, 그들의 마음을 얻기 위해 꾸준히 노력하라. 그들이 '무엇을 필요로 하며, 무엇에 만족하고, 무엇에 감동하겠는가?', 또 '무엇을 싫어하고, 무엇에 실망하며 무엇에 분노하는지'에 대해 고객 접점별로 섬세하게 파악하고 대처해야 한다. 고객과의 감성소통에 부단한 노력이 요구되며, 고객의 감정을 소중히 여기는 마케팅 전략을 실행해야 한다.

"세상에서 가장 어려운 일이 뭔지 아니?"

"그건 사람이 사람의 마음을 얻는 일이란다."

생텍쥐페리의 소설 『어린 왕자』에 나오는 말이다. 그러면서 얼굴만큼이나 다양한 각양각색의 마음에서 순간순간에도 수만 가지의 생각이 떠오르는데, 그 바람 같은 마음을 머물게 한다는 건 정말 어렵다고 한다. 그렇다. 아마 누구나 공감할 것이다.

특히 기업의 생존과 성장의 열쇠를 쥐고 있는 고객의 마음을 여는 일, 그리고 수많은 고객, 다양한 니즈와 취향이 있는 고객들의 마음을 얻는 일, 기업 입장에서는 세상에서 가장 어려운 일이다. 제품을 개발하는 일도, 생산하는 일도, 유통 판매를 위한 일도 거기에 비하면 차라리 쉽다. 그러나 그 어려운 일을 해내야 성공한다. 고객의 마음을 얻기를 포기한다면 사업을 포기한다는 것과 같다. 고객의 얼굴만큼이나 다양한 각양각색의 마음에서 생기는 욕구, 순간순간 떠오르고 바람처럼 사라지기도 하는 고객의 감정을 잡고 머물게 하는 것은 정말 어렵다. 하지만 성공 창업을 위해서는 처음부터 끝까지 이를 가장 우선시해야 한다. 절실하다. 고객의 감정을 읽고, 마음을 얻어야만 성공의 길을 걷는다.

"인간은 이성에 호소하는 데 한계가 있고, 감성에 호소해야 변할 수 있다."

감성지능(Emotional Intelligence) 분야의 세계적인 심리학자 다니엘 골먼(Daniel Goleman)의 말이다. 그런데 인간의 감성은 그리 단순하지 않다. 시각과 청각, 후각과 미각, 그리고 촉각 등 오감에 의한 감각적 특성인 감성, 인체 내외부로부터 오는 그러한 감성 자극에 따라 감정이 생성된다. 그렇게 그 생성된 감정은 상황과 환경에 따른 자극과 이성적인 사고에 영향을 받아 수시로 변화할 수 있다. 그리고 내부의 감정은 외부로 표출되기도 하고, 태도나 행동의 변화가 생기기도 하는데 이때 일종의 감정 메커니즘이 작동된다. 그런데 그러한 감정의 생성과 변화, 표출은 사람마다 각기 다르기 때문에 일률적으로 누구에게나 똑같이 적용되는 것은 아니다. 가지고 태어난 선천적 유전자와 후천적인 성장 과정, 그리고 살아가는 환경이 달라서 저마다 다른 감정 습관이 축적되어 각자의 독특한 감성 메커니즘이 형성된다. 그러므로 기업은 고객들의 감정 메커니즘을 이해하며 인식하고, 고객의 감정에 소구하려는 감성마케팅 전략을 효과적으로 수립해야 한다. 그리고 이를 실천하기 위한 고객과의 감성 소통에 부단한 노력이 요구되며, 이것이야말로 창업의 성패를 좌우할 만한 결정적 요인이다.

그러나 위에서도 말했듯이 그 수많은 고객들의 감정 메커니즘을 일일이 다 분석하고 만족시킨다는 것은 불가능하다. 아무리 고객군을 세분화하고 공통 문제해결을 위한 솔루션으로 타깃고객을 설정한다고 해도 고객마다 감성 자극 요인에 대한 감정 형성 과정이 다르고, 그때그때 발생하는 상황 요인들을 감안하면 완벽한 해결 방법은 기대하기 어렵다. 그래도 기업은 어떤 방법을 강구해서라도 고객이 부정적인 감정 대신 긍정적인 감정을 느낄 수 있도록 노력해야 한다. 이를 위해 고객의 감정을 사로잡는 힘을 발휘할 수 있는 비법을 찾아야겠다.

고객의 감정을 사로잡기 위해 어떤 감각적 특성이 효과적일까? 또 감성 자극은 어떻게 전달되어야 긍정적 감정 형성에 도움이 될까? 여기에도 한 가지 정답은 없겠다. 오감 중 단일한 한 가지 감각을 활용해도 좋고, 여러 가지를 복합적으로 사용해도 좋다. 그리고 자극의 양이나 강도 등에서도 때로는 약하게 때로는 강하게, 때로는 작게 때로는 크게, 때로는 낮게 때로는 높게, 또 때로는 예리하게 때로는 부드럽게, 때로는 적게 때로는 많이, 때로는 짧게 때로는 길어야 효과적이다. 즉 제품의 종류와 특성, 고객층의 공통된 특성, 그리고 상황변수를 적절하게 고려한 감성 자극이 효율적이다. 다양한 감성 자극을 적용할 수 있다는 의미다. 다만, 그 감성 자극의 결과로 형성되는 고객의 감정은 긍정적으로 만족한 상태여야 한다. 한마디로 "고객의 감정을 어루만져라!", "고객의 감정을 케어(Care)하라!"는 뜻이다. 이를 위해 고객과 다양한 방법으로 소통하면서 고객의 감정을 읽고, 그들의 마음을 얻기 위해 꾸준히 노력해야 한다. 그들이 '무엇을 필요로 하며, 무엇에 만족하고, 무엇에 감동하겠는 가?', 또 '무엇을 싫어하고, 무엇에 실망하며 무엇에 분노하는지'에 대해 고객 접점별로 섬세하게 파악하고 대처해야 한다.

기업의 하드 요소나 소프트 요소, 휴먼 요소, 그중 어떤 것이라도 고객을 감성적으로 만족시키지 못해 고객이 만족스러운 감정, 행복한 감정 상태에 이르지 못했다면 그는 우리의 고객이 될 가능성이 낮거나 언제든 쉽게 떠나갈 수도 있다. 또 기업에 불행한 경우를 들자면, 고객이 유쾌하지 못한 감정으로 불만족한 경험을 하게 되는 경우일 것이다. 이는 기업에 위협요인이 된다.

따라서 기업의 시각에서 바라보고 기업의 입장에서 섣불리 판단하지 않아야 한다. 고객의 눈으로 바라보고 고객의 마음으로 느껴보며 고객의 입장으로 돌아가 생각하는 것이 우선이다. 그래야만 고객의 감정을 어루만지고 만족시키기 위해 기업이 나아갈 올바른 길이 보이고, 구체적인 감성마케팅 전략에 대한 방향을 찾을 수 있다. 우리의 고객을 먼저 웃게 해야 우리도 비로소 웃게 될 것이다.

다시 말해 고객도 우리도 함께 행복해지고 함께 성공하려면 고객의 감정을 사로잡는 감성마케팅을 적극적으로 펼쳐가야 한다.

공장을 짓고 물건만 만들면 팔리던 시대, 가게 문만 열어놓으면 손님이 줄을 잇던 시대는 오래전에 끝났다. 독자적 기술 하나로 잘 나가던 독과점 시대는 옛말이다. 품질만 좋으면 서비스는 따지지 않는다는 말도 이제 과거를 회상할 때나 나온다. 우수한 제품을 개발하고도 시장진입을 못 하고 재고 창고에 쌓여 있기 일쑤며 양산 단계로 이어지지 못하는 경우가 대부분이다. 최첨단 하이엔드(High-end) 기술, 탁월한 성능, 최신 디자인, 합리적인 가격으로 무장한 제품이지만 이름 없이 사라진 제품이 부지기수다.

그럼에도 한편으로는 1인 기업이나 자영업자, 소자본 소상공인이 탄탄하게 매출을 올리며 시장에서 살아남고, 강소기업으로 지속가능 경영을 하는 사례도 많지 않은가? 그런 경우들은 공통적인 특성들이 있음을 발견할 수 있다. 산업 분야나 업종이 다르고, 제품이나 고객층도 다르며, 그렇게 성공하는 기업들에 나타나는 공통적인 요인 중 하나가 놀랍게도 복잡하지 않고 오히려 단순한 것에 집중하고 있다는 것이다. 그것은 그들의 경영 철학이 기업 중심이 아닌 고객 중심, 그리고 시대에 따라 변화하는 고객의 감정을 빠르게 읽고 대처하며 관리한다는 점이다. 그러면서 고객의 긍정적 감정을 선도해 나가고, 고객의 감정을 공유하는 것이다. 이른바 잘 나가는 기업이나 제품은 대부분 그런 양상을 보인다. 이제 막 창업한 기업이 시장 판도를 바꾸며 시장 점유율을 확장하고, 어느새 단골 고객과 마니아 고객층을 형성해 나간다. 큰 실수나 과오를 저지르지 않는다면 웬만해선 흔들리지 않는 고객군을 확보하고, 신제품이 나오기를 기다리고 있기도 하니 부럽기 짝이 없다.

최근 우리 사회는 물론 세계 어느 곳이라도 전쟁과 기후 재해, 재난, 사고, 질병 등으로 일상의 안전이 위협받고 있다. 거기에 정치 불안과 경기 불황 속에서 사회 범죄와 질병은 증가하며 이런 불확실성의 고조는 인간의 불안한 정서를 가중시키고 있다. 사람들의 감정이 위태롭다. 즉 기업이 상대해야 할 고객들의 감정 상태가 매우 불안정하고, 작은 것들에도 민감하게 반응하며, 제어하기 힘든 감정 상태가 잠정적으로 내재되어 있다는 것을 항상 고려해야 한다. 어느 시점, 어느 장소, 어느 상황에서 고객의 감성이 자극받을지 예단할 수는 없다. 그러므로 기업은 시종일관 고객 지향적 경영을 바탕으로 고객의 감정을 소중히 여기는 마케팅 전략을 실행해야 한다.

# 고객 감성을 증폭시키는
# 전략적 제휴 마케팅

: 까다롭고 냉정하리만큼 기업과 제품에 대해 비교하고 평가하기를 좋아하는 고객, 그들이 가장 신뢰하는 지점은 어디에 있을까? 고객들은 제품을 선택하기 전에 자신의 구매 결정을 후회하지 않도록 미리 직간접적으로 체험하기를 원한다. 따져보고 비교해 보는 방법을 찾는 것이다. 궁금증을 해소하고 불안감을 제거하여 만족스럽고 행복한 고객의 감정을 증폭시켜야 한다.

'가까운 곳을 가려면 혼자 가도 된다. 하지만 멀리 가려면 함께 가라.'

이 말은 아프리카 마사이족의 속담이다. 탄자니아 세렝게티 초원, 백수의 제왕 사자의 생존 전략이기도 하다. 사자도 혼자서는 생존이 불가능하다고 한다. 태어난 지 2년쯤 되면 수컷들은 모계사회인 사자의 무리에서 떠나야 하는데, 무리에서 떠난 후 절반은 1년 내에 죽는다. 그러나 무리에서 떠나 홀로서기에 성공하는 사자를 보면, 그들에겐 같이 다니는 짝, 바로 형제 수사자가 있다. 둘이 역할을 나눠 협력함으로써 사냥에 성공하고, 다른 포식자와의 경쟁에서 승리한다. 또한, 더 성숙해지면 다른 사자 집단에까지 세를 불려 함께 제왕에 오른다. 그리고 두 형제는 종속관계가 아니라 권한을 배분하고, 공동으로 통치하면서 오랜 세월 권력을 유지한다. 그러다가 만약 불의의 사고로 한 마리가 죽으면 남은 제왕은 위력을 발휘하지 못하고, 풍전등화 신세가 되어 제왕의 자리를 오래 유지하지 못한다. '강한 자가 살아남는 것이 아니라 협업하는 자가 생존한다.'라는 말을 실감케 한다.

기업 생태계에도 전략적 제휴(Strategic Cooperation)로 시장에서 살아남고, 성장을 거듭해 나가는 경우가 많은데, 이는 생존 가능한 창업과 지속가능한 경영을 위해 필수전략이 되었다. 전략적 제휴(戰

略的提携)는 둘 이상의 여러 기업이 하나의 비즈니스를 위해 각각 자사의 핵심 역량으로 상호 협력 관계를 유지하는 것으로, 이를 통해 다른 경쟁 비즈니스에 비하여 경쟁우위를 확보한다. 필요에 따라 경영 전략, 자본, 기술 연구개발, 생산, 판매, 유통 채널 등 다양한 분야의 협력을 통해 기업의 경쟁력을 높이는 기업 간 협력 방식이다.

이는 기업 규모와는 관계없이 신기술 습득과 새로운 시장진출을 목적으로 활발하게 진행되며 기술 제품뿐만 아니라 서비스 부문에서도 급증하고 있다. 이러한 전략적 제휴 방식은 기존의 합병 형태나 기업 간 외부 거래보다 원하는 기술이나 능력을 얻는 데 효과적이다. 각자 경쟁력 있는 분야의 역할을 분담하여 막대한 시간과 비용을 절약하고, 독자적으로는 불가능한 부분까지도 서로 보완이 가능해지므로 신사업 성공을 위해 신속한 시장진출이 가능해진다. 또 공동사업을 추진하여 목적 달성 후, 출구를 찾기 쉬운 장점이 있다. 이러한 전략적 제휴의 성공을 위해서는 목적과 역할을 명확히 설정하고, 경쟁력 있는 협력 파트너 선정, 무엇보다도 신뢰를 바탕으로 대등한 협력 관계를 구축해야 한다. 특히 이익분배와 손실분담 등에 대해서도 사업실행 전 구체적으로 기준을 정해야 한다.

전략적 제휴방식을 마케팅에 적용해 성공하는 기업들이 늘어나고 있다. 이러한 전략적 제휴 마케팅은 협업(協業), 콜라보레이션

(Collaboration) 방식을 사용함으로써 '협업 마케팅', '콜라보레이션 마케팅'이라고도 불린다. 시장진출을 위해 각기 다른 분야에서 인지도나 경쟁력이 높은 둘 이상의 기업이나 브랜드가 협업하여 시장을 공략하는 마케팅 기법이다. 공동의 목표 달성과 상호 이익을 위해 아이디어와 지식 교류, 자원 공유 등을 통해 다양한 관점과 전문성을 결합하여, 창의성과 혁신적인 솔루션으로 판로개척과 고객창출을 도모해 가는 것이다.

창업 기업은 성공을 위한 창업의 전 과정에 필요한 기술, 자본, 인력 등 모든 자원을 충분히 갖추기 어렵고, 이를 모두 확보하려면 시장진출 시기가 너무 지연되거나 진입 자체가 어려워질 수도 있다. 기술이면 기술, 제품이면 제품, 생산이면 생산, 판매면 판매, 자본이면 자본 등 모두 다 경쟁력을 가지기는 쉽지 않다는 것이다. 그러므로 자사가 확실한 경쟁우위에 있다고 판단되는 분야를 냉정히 분석한 후, 그렇지 못한 분야, 즉 경쟁력이 없는 분야에 대해서는 경쟁력 있는 기업과 전략적으로 계약을 맺고, 협업하는 것이다.

특히 마케팅 분야에서는 더욱 그렇다. 지금 시장 상황은 어느 업종이든 대부분의 제품이 포화도가 높고, 경쟁이 치열하며 유사 제품이나 대체제도 무수히 많은 상황이다. 거기에 경기침체와 여러 가지 사회 요인으로 인해 소비 심리의 위축 등 부정적 요인들이 증가해 웬만해서는 새로운 판로개척이 어렵게 되었다. 겨우 시장진출이 이뤄져도 겨우 명맥을 유지하기 위한 그야말로 연명 수단에 가깝거나 고사 위기에 놓인 채 폐업의 길을 걷지 않도록 해야 하지 않겠는가? 제품 수명주기와 시장 트렌드를 고려해 이를 놓치지 않고 적절한 시기에 시장에 진출하고 매출 증대로 수익을 낼 수 있도록 적극적으로 마케팅해야 한다면, 전략적 제휴 마케팅은 성공 창업을 위해 필수적이다.

전략적 제휴 마케팅은 다양한 산업 분야에서 쉽게 찾아볼 수 있다. 기술과 기술의 제휴, 기술과 제품의 제휴, 제품과 브랜드의 제휴 등 대부분의 산업에서 사용된다. 특히 기술 제품과 유통 판매에서 이뤄지는 경우는 매우 흔하다. 규모의 경제를 자랑하는 대기업도 완제품을 만들기 위한 공정 단계에 필요한 수많은 부품 등을 공급망 내 수많은 기업들이 맡고 있다. 자동차, 선박, 가전제품, 아파트 등 글로벌 대기업들과 공급망 내 기업들이 제휴 형태의 관계를 맺는 것이다. 또 흔히 사용되는 '주문자 상표 부착 생산(OEM: Original Equipment Manufacturer)' 방식도 일종의 전략적 제휴 마케팅 중 하나라고 볼 수 있다. 주문자 상표 부착 생산 방식은 판매회사가 제품 생산회사에 의뢰하여 반제품, 또는 완제품을 납품받아 판매하는 것으로, 판매회사의 상표로 제품을 출고하도록 하는 제조 및 생산 방식이다. 이는 단지 생산 부분과 관계되는 전 과정이나 일부만을 담당할 수도 있고, 제품의 개발부터 생산까지의 모든 과정에서 필요한 부분을 맡아 할 수도 있다. 이러한 방식은 어떤 제품이 상표에 나타난 기업과는 별도로 개발이나 생산 납품한 원천 생산자가 있다는 의미다. 이는 브랜드를 중요시하는 판매 담당 기업의 역할, 그리고 개발이나 생산에 전념할 수 있는 제조기업의 역할 분담으로 효율성을 추구한다는 것이 장점이다.

위와 같은 대기업의 공급망 내 중소기업이나 OEM 방식의 기업 상호 간 전략적 제휴는 창업 기업이 성공하기 위한 필수적인 사업 기획이자 차별화된 마케팅이라고 할 수 있다. 왜냐하면 앞서 전략적 제휴 마케팅의 필요성과 장점에서도 말했듯이 창업 기업 단독으로 다할 수는 없다. 설령 가능하다고 해도 더 성공적으로 창업하고, 더 지속적으로 경영을 계속하기 위해서는 반드시 요구되는 전략이다. 고객은 창업 기업의 기술, 생산, 제품 성능, 서비스 등에 대해 모두 긍정적으로 평가하거나 만족하기 어렵다.

특히 아무리 우수 제품이라고 해도 브랜드 경쟁에서 밀리고, 유통 판매에 실패하면 성공할 수 없다. 고객은 기존 시장의 브랜드 인지도와 브랜드 평판에 민감하고, 긍정적 이미지의 브랜드를 선호한다. 또 제품 구매와 사용 시 얻는 핵심 가치를 중요히 여기는 것은 기본이며, 추가로 얻을 수 있는 혜택도 요리조리 따져보고 있다. 어떤 제품을 더 믿을 수 있고, 구매 후 사용 시 불량률이 낮고, 문제 발생 시 A/S 걱정은 없는지 등 신뢰성에 대해 꼼꼼하게 비교한다. 그리고 얼마나 더 편리한지, 얼마나 더 이로운지, 얼마나 더 즐거운지, 얼마나 더 아름다운지에 대해 감성적으로 접근한다. 또 어떤 가치가 있는지, 어떤 의미를 부여할 수 있는지 등에 대한 개인적 선호도와 기업의 사회적 책임까지 고려하기도 한다. 고객은 그렇게 까다로운 존재다. 고객은 참으로 냉정하다.

이처럼 까다롭고 냉정하리만큼 기업과 제품에 대해 비교하고 평가하기를 좋아하는 고객, 그들이 가장 신뢰하는 지점은 어디에 있을까? 고객들은 제품을 선택하기 전에 자신의 구매 결정을 후회하지 않도록 미리 직간접적으로 체험하기를 원한다. 따져보고 비교해 보는 방법을 찾는 것이다. 특히 제품에 대해 사용자의 입장에서 이해하기 쉽게 설명해 주고, 자신보다 먼저 구매하여 사용한 고객들의 체험담을 가장 신뢰하게 된다. 그래서 그럴 만한 정보를 제공하는 곳을 찾아 나서다가, 웹 사이트 상품 판매 및 광고를 접하게 된다.

이는 최근 전략적 제휴 마케팅 전략에서 가장 뜨고 있는 제휴 마케팅(Affiliate Marketing) 기법으로 공급자들이 인터넷에서 파트너사의 제품을 판매·촉진하는 것이다. 전문화되고 다양한 제휴 기업들이 웹 사이트 방문자와 가입 회원, 기존 고객들을 대상으로 고객들의 궁금증을 풀어주고 가려운 곳을 시원하게 긁어준다. 자신이 원하던 정보를 기대 이상으로 얻게 될 뿐만 아니라, 뜻밖의 유익한 혜택이나 부가적인 이익들이 쏟아져 주워 담기만 하면 된다. 심지어 구매 결정을 미루거나, 제품을 사용하지 않으면 고객이 손해 볼 것 같은 제품 정보와 구매 조건들을 제시해 준다. 유기적인 검색 엔진 최적화로 유료 검색 엔진 마케팅, 전자 우편 마케팅, 디스플레이 배너 광고 등은 이미 알려진 방법이다.

특히 최근 이러한 인터넷 제휴 마케팅을 통한 콜라보레이션이 폭발적인 힘을 얻게 된 이유는 바로 웹 기반 플랫폼, SNS다. 이 플랫폼은 다양한 특성을 가지고 역동적으로 살아 움직이기에, 신규 고객창출과 기존 고객 유지를 위한 필수적인 마케팅의 유용한 도구가 되었다. 대중에게 비교적 무차별적으로 시행되던 TV나 신문 광고와는 달리 인공지능(AI)의 알고리즘을 통해 생성된 고객의 관심사를 예측한 제품이나 서비스 등 맞춤형 콘텐츠를 노출함으로써 고객이 애써 찾지 않아도 정보 접근을 가능케 한다. 또 해시태그를 사용해 고객의 관심사나 공통적인 흥미를 유발할 제품이나 서비스를 쉽게 찾을 수 있도록 유도하고 있다. 무엇보다도 사진, 영상을 활용해 시각과 청각의 직접적인 감각을 자극하고, 후각과 미각, 촉각에 대한 감성 자극을 유발함으로써 제품을 직접 사용해 보는 것과 흡사한 효과를 얻게 해 준다. 궁금증을 해소하고 불안감을 제거하여 만족스럽고 행복한 감성을 만들기 위한 고객의 감성을 더욱 증폭시키는 효과를 얻게 해 준다.

그 결과 시장에서 제품과 서비스를 더욱 활성화시켜 고객에게 더 많은 혜택을 제공할 수 있게 되므로, 기업들으로서는 '윈-윈 전략'으로 시너지 효과를 극대화할 수 있다.

# 고객의 감정을 읽어야 매출의 상승이 보인다

: 기업이 창출하고자 하는 고객가치와 제품의 핵심 가치에 따라 어느 시장으로 판로를 개척하는 것이 더 성공적인지 판단해야 한다. 어느 시장 환경에서 타깃고객의 마음을 더 사로잡을 수 있는지, 고객의 결정적인 구매 결정이 이뤄지는 시장이 어디인지를 예측하고, 집중적인 감성마케팅으로 세일즈 전략을 펼쳐야 한다. 고객의 감정이 어떻게 변화하고 어디로 움직이는지 늘 주시해야 한다.

'고객들은 왜 오프라인보다 온라인에서 구매할까?'
'백화점보다 편의점에서 물건을 사는 이유는 뭘까?'
'국내 시장보다 해외 시장에서 더 인기 있는 이유는 무엇일까?'

창업자라면 한 번쯤은 이런 의문을 가져야 한다. 기업의 제품이 B2C 거래라면 더욱 그래야 하며, B2B 거래의 경우도 무시할 수 없는 판로다. 온라인 매출이 오프라인 매출을 넘어선 지 오래고, 최근 급상승하는 편의점 매출총액은 급기야 백화점 매출총액을 추월해 높게 나타났다. 이렇게 시장판도가 오프라인에서 온라인으로, 백화점에서 편의점으로 바뀐다는 것은 고객들이 찾아가는 시장, 더 정확하게 말하면 고객들이 물건을 구매하는 시장이 그렇게 이동한다는 의미다.

고객들이 시장을 바꾼 이유는 무엇일까? 이러한 변화는 고객들의 합리적인 구매 선택과 만족스러운 소비 과정에 어떤 요인들이 영향을 미쳤을까? 특히 결정적인 구매 결정과 구매 행동을 일으킨 고객의 감정에는 어떤 힘의 요인이 작용했을까? 또 국내 시장에서는 외면 받거나 주목받지 못했지만 해외에서 더 잘 팔리는 제품도 있다. 그렇다면 창업 기업이 사업을 기획하고, 사업계획을 수립할 때 이에 대해 어떤 것들을 고려해야 할까? 특히 성공적인 마케팅을 위해 이러한 시장 트렌드의 변화에 대해 어떤 세일즈 전략으로 대응해야 하는지가 매우 중요하다.

상황이 이렇다 해도 모든 기업이 어느 한쪽 판로를 택하거나 시장의 트렌드만을 추구할 수는 없다. 제품이나 고객의 특성에 따라 오프라인이나 백화점을 더 선호하는 경우도 있다. 따라서 오프라인과 온라인 시장의 특성, 백화점과 편의점의 차이점에 대해 분석하고 이에 대한 마케팅 성공 전략을 수립하고 실행해야 하겠다.

먼저 오프라인 시장과 온라인 시장은 가장 큰 차이점은 접근성과 고객과의 상호작용, 비용, 마케팅 전략 등에서 차이가 있다. 접근성에서 보면 오프라인 시장은 고객이 실제 매장을 방문하여 상품을 구매해야 하지만, 온라인 시장은 인터넷을 통해 언제 어디서나 접근할 수 있다. 비용 측면에서는 오프라인 시장은 임대료, 인력, 관리비 등의 비용이 발생하지만, 온라인 시장은 초기 구축비용 이후에는 유지비용이 상대적으로 적다. 오프라인 시장은 주로 지역적인 마케팅에 의존하지만, 온라인 시장은 소셜 미디어, 검색 엔진 최적화, 이메일 마케팅 등을 활용해 글로벌한 마케팅이 가능하다. 상품 라인업의 경우 오프라인에서는 물리적인 공간 제약으로 인해 상품 라인업을 제한적으로 구성할 수 있고, 온라인에서는 다양한 상품을 방대한 정보와 함께 폭넓게 제공할 수 있다. 오프라인은 고객과의 상호작용에서는 고객과 직접 대면하여 고객과 상호작용하고 온라인은 주로 디지털 플랫폼을 통하며, 오프라인 시장은 고객이 실제 매장에서 상품을 직접 체험하고 구매할 수 있지만, 온라인 시장은 주로 디지털 플랫폼의 자료를 통해 상품을 확인하고 구매한다.

 이와 같이 오프라인 시장과 온라인 시장은 각각 서로 상반되는 특성으로 장단점을 가지고 있으므로 기업의 상황과 제품 특성에 따라 적합한 시장을 선택해야 한다. 바꾸어 말하면 기업이 창출하고자 하는 고객가치와 제품의 핵심 가치에 따라 어느 시장으로 판로를 개척하는 것이 더 성공적인지 판단해야 한다. 어느 시장 환경에서 타깃고객의 마음을 더 사로잡을 수 있는지, 고객의 결정적인 구매 결정이 이뤄지는 시장이 어디인지를 예측하고, 집중적인 감성마케팅으로 세일즈 전략을 펼쳐야 한다.

 그러면 오프라인 시장과 온라인 시장에서의 세일즈 전략은 각각 어떻게 해야 성공 가능성을 높일 수 있는지 알아보자. 먼저 오프라인 세일즈 전략의 핵심 요인은 매장 콘셉트와 분위기, 고객 서비스, 제품 라인업, 프로모션, 이벤트, 고객 관계 관리 등이 중요하다. 오프라인 매장의 콘셉트와 분위기는 고객들의 구매 욕구를 직접적으로 자극한다. 매력적인 제품 디스플레이와 인테리어는 관심과 흥미 유발을 위해 감각적으로 설계해야 한다. 그렇게 해서 직접적으로 고객의 오감을 자극하고 편안함과 즐거운 체험을 통해 긍정적인 감정 형성을 촉진해야 한다. 또 친절하고 전문적인 판매원이 고객의 구매과정에 도움을 제공하고 상호작용 하여 만족도를 높이는 것이 큰 경쟁력이다. 만약 인적 판매원 대신 키오스크 주문이나 로봇 서비스 등을 활용한다면 고객의 입장에서 사람이 서비스하는 것보다 편리해야 하고, 흥미로움을 느낄 수 있어야 한다. 더 불편해지지 않게 하고, 어렵지 않도록 해야 한다. 장소의 크기와 상황에 맞도록 최대한 다양한 제품 라인업을 제공하고, 특색 있고 차별화된 할인 행사, 고객 이벤트 등 프로모션을 꾸준히 해 고객의 관심을 끌고 재방문을 유도해야 한다. 방문 고객과 구매 고객과의 관계를 구축하고 유지하는 고객 관리 시스템을 적용하고, 고객의 피드백을 개선하는 것이 중요하다.

그런가 하면 온라인 시장의 매출 상승을 일으키는 경쟁 요소는 무엇일까? 온라인 시장진출에 성공하기 위해서는 어떤 요소들을 가장 중요하게 여겨야 할까? 여기에는 제품에 대한 신뢰성, 구매과정의 편의성과 안전성 제공, 검색 엔진 최적화와 SNS 마케팅 등이다.

무엇보다도 고객이 제품을 직접 보고 만지거나 확인할 수 없다는 것이 가장 큰 장애 요인이 될 수 있으므로 이런 문제를 극복하는 것이 우선이다. 즉, 고객에게 제품에 대한 신뢰를 줄 수 있도록 모든 수단을 강구해야 한다. 제품 탄생의 전체 과정 및 제품의 원리와 기능, 사용 방법, 구매 후 보증·보상 정책 등에 대한 객관적인 자료와 근거를 제시하면서 궁금증과 의심을 풀어줄 수 있도록 해야 한다. 기업과 제품의 브랜드 정체성과 브랜드 가치로 신뢰를 증진하고, 제품 사용자들의 체험 공유를 통해 공감을 얻고 확신을 갖게 한다. 구매과정에서 고객 편의성을 위해 제품 확인 및 가격 확인의 편리함, 주문 절차의 간소화, 간편한 결제 시스템, 그리고 결제의 안전성 보장을 위해 결제 보안에 대한 강력한 방어벽 구축이 필수적이다. 그리고 되도록 검색 엔진 최적화를 통해 고객의 검색 결과가 상위 노출될 뿐 아니라 빈번하게 노출될 수 있게 하고, 소셜 미디어를 통해 기업과 제품을 홍보하면서 구매고객 및 잠재고객들과 소통하고 상호작용 채널을 이어가도록 SNS 마케팅을 적극적으로 해야 한다.

그런데 지금은 오프라인 시장과 온라인 시장을 완전히 구분하지 않는다. 아예 병행하는 O2O(Online to Offline) 마케팅 전략도 활용하고 있다. 이는 제품 아이덴티티 홍보 및 판매를 위한 브랜드전략을 동일시한 시너지효과로 얻는 세일즈 전략이다. 각각의 판로개척과 시장진출이 유리한 제품군을 분리해 기획하고, 같은 제품이라도 단위나 포장, 가격 등을 다르게 해 시장의 구매 고객 특성에 맞게 마케팅 전략을 수립하고 적용함으로써 고객창출과 매출 증진 효과를 높이는 경우가 있다. 그런가 하면 온라인에서 오프라인으로, 오프라인에서 온라인으로 쌍방향 세일즈 전략을 적극적으로 활용하는 추세다. 두 시장의 고객이 따로따로 존재하기도 하지만, 병행하는 경우도 많기에 제품 구성과 홍보, 프로모션, 판매 등을 큰 틀에서 같이 끌고 가는 것이다. 고객의 감정을 움직이고 발길 손길을 끌기 위해 양쪽에서 포위하듯 공략하는 것이다.

또한 백화점보다 편의점의 총매출 규모가 더 높다. 앞으로도 아마 이러한 추세는 가속화될 것이다. 그 이유는 무엇보다 인구학적 특성이 달라지고 라이프스타일이 달라졌기 때문이다. 대가족보다는 소가족, 1인 가구비율이 늘고, 지속적이고 장기적인 소비보다는 단기적이고 일시적인 소비, 고가의 프리미엄 제품보다는 저가의 합리적인 소비가 늘어간다. 거기에 따라 제품의 크기나 내용, 기능도 간소화된다. 어느덧 마트나 시장을 가던 고객이 줄어들고, 대신 아파트마다 골목마다 편의점이 즐비하다. 도로가는 물론 심지어 공장 단지나 농어산촌에도 늘어나는 편의점이 전국의 오프라인 매출을 상승시키고 있다. 거기에 명품 가방이나 패션제품 판매까지 시작되었고, 이대로라면 자동차와 아파트도 팔 기세다. 이런 제품은 직접 전시 판매는 안 하겠지만, 유통플랫폼 방식을 도입한다면 판매방법은 얼마든지 가능하다. 그렇다. 고객이 있는 곳이라면 못 팔 이유도 안 팔 이유도 없다. 수익성 등 고려할 점은 분명히 존재하지만, 편의점 전체 수 등을 계산하면 승산이 있을 법도 하다. 이제 백화점이나 대형마트는 기존의 기능에서 변화하고 있다. 제품 판매를 넘어 문화를 만들고, 그 문화를 소비하며 지출하도록 타깃고객 설정

뿐 아니라 판매 상품도 달라지고 있다. 그런데 백화점 고객과 편의점 고객이 완전히 다르기도 하지만, 같은 고객이 제품과 상황에 따라 다른 선택을 한다는 사실도 기억해야 할 요소이다.

또 국내 시장에서는 이름도 없고 매출도 낮지만 해외에서 뜻밖의 대박이 나는 제품도 있다. 이는 처음부터 해외 시장, 특정 국가의 특정 문화의 고객을 타깃으로 가치 제공을 하기 위해 제품을 기획하고 마케팅을 펼치는 경우에는 당연히 성공 가능성이 높다. 여기에도 넘어야 할 장벽과 해결해야 할 문제들이 산적해 있지만, 해외 시장진출을 목표로 한다면 당연히 밟아가야 할 단계다. 그런데 굳이 해외 시장을 겨냥하지 않았지만, 온라인 플랫폼이나 SNS 마케팅을 통해 우연히 해외 고객들로부터 호평 받고, 매출이 불같이 폭탄 터지듯 일어나는 경우도 종종 있다. 해외 고객의 감정을 사로잡은 제품의 어떤 매력적인 요소가 반드시 있게 마련이다.

창업 기업이 자사의 제품이나 서비스를 어느 시장으로 진출시킬 것인가를 결정하기는 쉽지 않다. 국내일까 해외일까, 또는 개인 고객일까 기업 고객일까, 또 오프라인일까 온라인일까, 그리고 고급 시장일까 저가 시장일까 등 고민이 많다. 그러나 이러한 문제는 사업기획과 사업계획 수립 시 동시에 마케팅 전략을 병행하면서 해결해야 할 문제다. 그리고 제품이나 서비스의 핵심 가치가 어떤 고객에게 어떤 솔루션을 제공하려는지 명확하게 설정한다면 조금 더 쉽게 풀린다. 고객의 감정이 어떻게 변화하고 어디로 움직이는지 늘 주시해야 한다. 그들의 감정을 놓치거나 무시하면 실패가 불 보듯 뻔하다. 고객의 감정을 읽어야 매출의 상승이 보인다.

E M O T I O N A L

Part 4

# 고객만족을 위한
# 소통전략 감성코칭

M A R K E T I N G

# 고객행동 유형별
# 소통 패턴 특성 이해

: 고객의 어려움을 이해하고, 고객의 불편함을 공감하고, 고객이 원하는 바를 예측하고 제공해 만족시켜야 한다면 소통 그 자체가 어렵거나 불편해서는 안 된다. 기업은 고객이 좋아하는 소통 패턴으로 즐겁게 소통하고 고객이 행복한 감정을 느낄 수 있도록 도와야 성공이 보인다. 기업의 존폐를 결정할 고객과의 소통이 곧 성공 창업의 열쇠가 되는 것이다.

'천 길 물속은 알아도 한 길 사람 속은 모른다.'

우리말 속담으로, 한 사람의 마음을 안다는 것이 천 개의 물길을 알아내는 것보다 더 어렵다는 뜻이다. 누군가의 속마음을 이해하는 것, 특히 그가 어려워하는 것, 불편해하는 것, 바라고 원하는 것을 헤아린다는 것은 결코 쉽지 않다. 어렵지 않고 쉽게 알 수 있다고 말하는 사람이 있다면, 그것은 그 사람이 오해나 착각을 하고 있다고 볼 수도 있다. 자신은 타인의 입장에 대해 공감하고 잘 이해한다고 말하지만, 진짜 속마음을 제대로 알았는지는 확신할 수 없는 일이다. 때때로 텔레파시가 통한다거나 독심술(讀心術)이라도 쓸 수 있다면 얼마나 좋을까 하는 생각이 절실해진다.

이렇게 사람의 마음을 이해하고 알아주는 일, 창업자에게는 어떤 의미가 있을까? 창업을 하고 경영을 지속하기 위해 창업자는 누구의 마음을 이해하고 알아줘야 하는가? 창업자는 창의적인 사고와 리더십, 문제해결 능력 등을 갖추고 새로운 사업을 기획하여 성공 창업으로 이어가기 위해 이를 구체화하며 창업을 실행하게 된다. 그런데 이러한 과정에서 창업자가 공통적으로 직면하게 되는 어려움 중의 하나가 '소통'이다. '소통'에 별로 문제 되지 않는다고 여기거나 주요 이슈로 다루지 않는다면 오히려 실패할 가능성이 높아진다.

혁신적인 아이디어로 우수한 비즈니스모델을 개발하고 성공을 위한 비전을 실현하려고 필요한 자금·인력·자원 등을 조직하고 관리해 나가는 동안 기업 내부와 외부에서 필연적으로 다양한 이해관계자들을 만나게 된다. 이들과의 효과적인 소통은 성공 창업을 가능케 하는 윤활유 역할을 하게 된다.

창업자는 결코 혼자 성공할 수 없다. 창업과 관계된 다양한 부류의 사람들과 소통이 원활하게 이뤄지도록 관리해야 사업계획을 성공적으로 구현할 수 있다. 그러한 소통의 결과로써 기업 내부 고객은 더 효율적으로 역할을 수행해 갈 것이고, 이에 비례해 비즈니스 모델 실현 가능성도 높아질 것이다. 또 외부 고객과의 소통의 질이 좋아질수록 판로개척과 시장진출 성공 가능성이 높아지며, 고객창출과 매출 증대 목표 달성을 이룰 수 있다. 기업의 존폐를 결정할 고객과의 소통이 곧 성공 창업의 열쇠가 되는 것이다. 그러므로 창업자는 아무리 우수한 인적, 물적 자원을 확보했다고 하더라도 사업을 성공적으로 만들어가고자 한다면 적극적이고 효과적인 소통을 위해 부단한 노력을 해나가야 한다.

그런데 서두의 속담에서 보듯이 사람마다 생각하는 바가 다르고, 원하는 것도 다르니 소통하고자 노력한들 의도대로 잘되지 않을 때가 많다. 소통을 하면 할수록 더 어렵다고도 한다. 차라리 소통을 줄이면 문제가 안 되었을 텐데 소통으로 인해 오히려 문제가 발생한다고도 하소연한다. 맞는 말이다. 충분히 그럴 수 있다. 소통을 많이 한다고, 소통의 양이 늘어난다고 해서 그와 비례해 좋은 결과를 가져오는 것이 아닐 수 있다. 불필요한 소통은 줄이거나 차라리 안 하는 것이 낫다. 그리고 그러한 문제 발생은 대부분 서로의 소통 스타일, 소통 방식이 다른 이유에서 발생하는 경우가 많다. 또 흔히 소통 코드가 잘 맞지 않다고 하는 경우를 보면 소통에 사용되는 언어적, 비언어적 요소의 사용 방식과 표현 방식에 따라 각자가 원하는 소통 패턴이 다르기 마련이다. 즉, 소통 패턴에 따라 효과적이거나 또는 비효과적인 소통이 되곤 한다.

그러면 이에 대한 대책은 속수무책일까? 그렇지 않다. 여기에 대해 대응할 수 있는 효과적인 비법이 있다. 그것은 '소통의 만능열쇠'라고 일컬을 만한 '소통의 마스터키(Master Key)' 같은 개념으로, '인간행동유형 DISC'가 그것이다. 이 개념만 잘 익혀 둔다면 언제 어디서나, 누가 누구에게 어떤 소통을 해야 할 때라도 효과적으로 적용이 가능하다. 그리고 소통의 문을 열기 위해 시간과 노력을 낭비하지 않아도 되고, 소통의 목적을 달성하기 위해 상당히 효율적이다. 또 서로에게 상처를 주거나 상흔을 남기는 것을 최소화하고, 편안한 마음으로 소통의 즐거움을 느낄 수 있다. 소통은 그래야 한다. 특히 기업이 고객과 해야 하는 필연적 소통이라면 더욱 그래야 한다. 고객의 어려움을 이해하고 고객의 불편함을 공감하고, 고객이 원하는 바를 예측하고 제공해 만족시켜야 한다면 소통 그 자체가 어렵거나 불편해서는 안 된다. 기업은 고객이 좋아하는 소통 패턴으로 즐겁게 소통하고 고객이 행복한 감정을 느낄 수 있도록 도와야 성공이 보인다.

'인간행동유형 DISC'에 대해 잘 알고 있으면, 고객과 접촉하는 순간 단 몇 초 이내에도 고객의 행동 특성과 소통 스타일의 핵심 사항에 대해 인지할 수 있다. 그렇기 때문에 빠르고도 민첩하게 고객의 요구사항을 파악하기 위한 소통이 가능해지고, 고객이 편안하게 느끼도록 응대할 수 있는 대처 능력을 갖출 수 있다. 특히 고객의 구매과정에서 불만 요소를 최소화하고, 만족 정도를 극대화할 수 있게 된다면, 고객의 긍정적 감정 형성으로 마음의 문을 열 수 있고, 기업에는 매우 큰 힘이 될 것이다.

'인간행동유형 DISC'는 미국의 콜롬비아 대학 심리학 교수, 윌리엄 M. 마스턴 박사가 1928년, 처음으로 주장한 인간행동유형 DISC 모델의 4가지 유형을 말한다. 사람은 각기 타고난 선천적 요인과 후천적 환경에 의해 형성된 습관에 따라 행동 유형과 소통 스타일이 다르다고 했다. 그 스타일을 크게 4가지 유형으로 분류한 것인데, 국내에는 1990년대 초반부터 본격적으로 소개되기 시작했다. 이 개념은 기업에서 인재 채용과 직무 분장, 팀 빌딩, 승진 등 조직관리에 활용하면서 크게 파급되었다. 특히 백화점, 호텔, 항공 등 고객 응대와 VIP 고객 관리 등에 필수적인 도구로 사용하기 위해 앞을 다투어 도입하고 교육을 통한 학습뿐 아니라 고객 접점 현장에서 적극적으로 적용하고 있다. 이 말은 DISC 개념만 정확하게 알고 있다면 고객의 행동유형 분석을 위해 굳이 심리 검사 도구를 사용해 진단하고 분석해야 하거나 긴 시간, 많은 노력을 기울이지 않아도 현장에서 바로바로 빠르게 파악하고 대응할 수 있다는 의미다. 기업과 구매 고객과의 접점에서 기업이 미리 고객에 대한 정보나 욕구를 파악하기는 힘들고, 예측 불가능한 상황에서의 만남, 즉 우연한 마주침(Encounter)에 가깝다. 그러므로 DISC에 따른 인간행동 유형별 소통 특성을 이해한다면 고객과의 만남에서 즉각적으로 활용할 수 있는 효율적인 소통을 위한 만능열쇠라고 하겠으며, 이후로는 인간행동 유형을 '고객행동 유형'이라고 칭하고자 한다.

이러한 고객행동 유형은 언어적·비언어적·행동적인 특성에 따라 가장 강한 패턴을 보이는 성향을 기본적인 네 가지 유형으로 구분하고 있다. 그 네 가지 유형은 주도형(Dominance), 사교형(Influence), 안정형(Steadiness), 신중형(Conscientiousness)인데, 영어 철자의 첫 글자를 따서 'DISC'라고 부른다.

각 유형의 명칭에서 이미 그 특징이나 행동 특성, 소통 스타일을 어느 정도 느낄 수 있는데, 각 유형별로 뚜렷하게 구분되는 몇 가지 특성을 간단히 소개하고자 한다. 이 장에서는 전체적인 성향에 대한 개요를 언급하고, 다음 장에서 각 유형별로 언어적·비언어적·행동적 특징들과 함께 그들과의 소통전략 및 고객만족전략, 즉 구체적인 방법과 응대 요령 등을 설명하겠다.

첫째, 주도형(Dominance)이다. 주도형은 성과를 중시하므로 강력한 에너지로 빠른 결과를 위해 주도적으로 사람과 상황을 이끌고 가려는 파워풀한 성향이 있다. 직관적인 판단과 통찰력으로 결정하고, 기존의 상태에 문제를 제기하며 창의적 아이디어와 창조적 활동으로 리더십을 발휘해 예상치 못한 성과를 얻기도 한다. 속도감 있는 추진력과 진취적인 태도로 도전과 성취를 즐긴다.

그러다 보니 타인을 무시하거나, 배려와 이해가 부족하고 인간미가 결핍된 것처럼 보이기도 해 반대 세력이 생기기 쉽다. 또 스스로 감정 통제가 어렵고, 조절 능력의 부족으로 시간이 지나면 후회도 한다. 그리고 비난을 받거나 주도권이나 통제권을 상실하게 되는 것을 매우 두려워하며, 큰 틀에서 직감적으로 해석하게 되면서 세부 사항을 놓쳐 문제가 발생하는 경우도 많다.

둘째, 사교형(Influence)이다. 관계를 중시하여 호의적이고 밝은 인상으로 스스럼없이 타인에게 다가가 분위기를 촉진한다. 말솜씨가 있어 미사여구를 사용하고, 어떤 상황을 긍정적으로 끌고 가려는 낙관적인 태도로 감화력이 탁월하며 열정적으로 활동한다. 갈등을 싫어하고, 그러한 상황이 생기면 부정적인 부분을 회피하려는 성향을 보이기도 한다. 호기심이 많아 동시다발적으로 관심을 갖기도 하고, 칭찬받거나 인정받으면 스스로 끝없는 에너지를 만들어 낸다.

그러나 너무 많은 호기심으로 산만해지기 쉽고, 몰입과 집중력 부족으로 일을 끝까지 완성하지 못하거나 확실한 성과를 내기 어렵다. 또 지나친 긍정으로 세부적·부정적 문제 요소를 간과할 우려가 있으며, 인정받지 못하면 불안해지고, 칭찬받지 못하면 에너지를 상실하며, 거부당하면 깊은 상실감에 빠져 쉽게 포기한다. 타인으로부터 부탁을 받으면 거절을 못 하지만, 거절당할까 봐 정작 자신은 부탁을 주저한다.

셋째, 안정형(Steadiness)이다. 편안함을 추구하여 전체적으로 조용한 느낌을 준다. 다른 사람을 불편하게 하거나 공격적이지 않기 때문에 평화롭고 안정적으로 보인다. 첫인상이 강하지 않으므로 존재감이 드러나지 않거나 관심을 끌지 못하기도 한다. 자기가 먼저 다가가거나 주도하기보다는 상대방이 다가와 주기를 바라며 기다리거나 이끌려 가는 데에 익숙해져 있다. 하지만 너무 적극적이거나 강력하게 다가가면 멈칫하며 뒤로 물러서는 태도를 보인다.

참을성이 많아 웬만한 상황이면 타인의 의견을 끝까지 들어주고, 그 의견에 따라가며 일관성이 있고 돌발적으로 변하지 않아 예측 가능하다. 싫거나 부정적인 면을 표현하지 않고, 의사결정을 어려워해 우유부단해 보이기도 한다. 긴급한 상황이나 핵심 사항에 대한 빠른 판단이 부족해 순간 대처 능력이 떨어지기도 하고, 갈등이나 압박 상황에 놓이면 해결하려고 나서기보다 수동적이 된다.

넷째, 신중형(Conscientiousness)이다. 완벽함을 추구하므로 빈틈없어 보인다. 말과 행동에서 세밀하고 정확하고, 분석적인 태도로 객관적인 증거나 자료를 신뢰하고 좋아한다. 빠른 결과보다는 과정 하나하나를 천천히 따져보며 꼼꼼히 살핀다. 긍정적인 면보다는 문제점을 찾고, 단점을 파악해 비판적·부정적 의견을 제시하며 확신이 설 때까지 결정을 미룬다. 사고방식이 매우 체계적이고 논리적이며 장단점을 잘 비교하여 높은 품질을 선호한다.

그러므로 융통성이 부족하고 고지식해 보인다. 다른 사람을 믿지 못하므로 혼자서 분석하고 판단하다 보니, 일을 해결하는 데 너무 많은 시간이 소요된다. 완벽함을 추구하느라 의사결정 시점을 놓치기도 하고, 만족하지 않으면 싫은 감정이 그대로 드러난다. 포용력이 부족해 칭찬에 인색하고, 자신의 생각과 판단이 받아들여질 때까지 설득하고 강요하면서 타인을 불편하게 하기도 한다.

   이러한 고객행동 유형에 따른 특성을 이해하면, 그들이 무엇을 좋아하고 싫어하는지를 알 수 있기 때문에 어떻게 하면 그들의 마음을 움직이고 사로잡을 수 있는지, 그 방법을 찾을 수 있다.

   그러면 이다음 장에서, 바로 그러한 고객유형별 고객만족 전략, 응대 요령에 대해 알아보겠다.

## 2

# 고객 접점의 고객행동 유형별
# 고객만족 소통전략

: 고객과 만나는 짧은 순간에 고객행동 유형별 의사소통 스타일의 핵심적인 특징을 파악해 내고, 고객행동 유형별로 좋아하는 소통 패턴과 싫어하는 소통 패턴을 구분할 수 있어야 한다. 고객이 좋아하는 스타일로 소통하고 싫어하는 스타일로 소통하지 않는 것이 핵심이다. 고객의 심리를 안정시키고 고객의 감정을 긍정적으로 이끌어야 한다.

"고객은 기업에게 최고의 재산이다."

"고객은 기업의 사업 파트너이다."

"고객은 기업을 위해 투자하는 사람이다."

라고들 한다. 빈(L. L. Bean)은 "고객이란 우리가 사업의 궁극적 목적이며 고객이 우리에게 의존하는 것이 아니라 우리가 고객에게 의존하는 것이며 고객은 우리에게 기회를 주는 사람"이라고 말한 바 있다. 즉, 고객은 기업의 수단이나 도구가 아니라 기업이 존재하기 위한 보다 궁극적인 목적이 되어야 한다.

수요량에 비해 공급과잉 시대, 고객을 유치하기 위한 경쟁은 치열해지고, 고객만족을 위한 기업의 차별화 전략도 상상을 뛰어넘는다. 기업이 고객을 선택하는 시대는 갔고, 고객이 기업을 선택하게 된 지 오래다. 아직도 기업의 수익성과 경쟁력 향상을 위해서 고객을 기업의 이윤 추구를 위한 대상이나 수단으로 여긴다면 매우 위험한 기업이다.

고객은 늘 변화하고 늘 진화하며 늘 떠날 준비가 되어 있다. 영원한 단골 고객이라는 개념도 없고 매 순간 고객을 만족시키지 못하면 밀물처럼 들어왔던 고객도 썰물처럼 빠져나가고 만다. 고객이 기업의 운명을 좌우하고 있는 이러한 현실에서 볼 때, 고객을 만족시키기 위한 다양한 방법을 강구해야 하는 것은 어떠한 다른 요소들에 앞서 모든 경영 방침의 우선 요소라고 하겠다.

그런데 고객을 만족시키기 위해 아무리 다각적인 방안을 연구하고 많은 투자를 하더라도 구매과정에서 고객을 순간순간 만족시키지 못한다면 성과를 얻기 어렵다. 구매과정 중 고객이 기업과 만나는 모든 구매 시점을 일컬어 '고객 접점(MOT: Moment of Truth)'이라고 하는데, 결정적 순간, 또는 진실의 순간이라고 한다. 기업은 고객 접점에서 고객이 심리적으로 안정감을 갖고 즐거운 감정으로 만족하는 상황을 만들어 내는 것이 무엇보다 중요하다.

다시 말해, 고객이 정서적으로 불쾌해지거나 심리적으로 불안한 감정을 갖게 된다면 제품 자체의 우수성이나 다른 많은 서비스 요소들에서 특별한 문제가 없어도 불만을 가질 확률이 높아질 것이고, 이는 구매력에 큰 손실로 이어질 위험이 있다. 또 고객이 불만스러운 감정을 안은 채로 기업을 떠나게 된다면 잠재시장이 축소될 가능성이 높고, 측정할 수 없는 규모로 기업에 악영향을 끼칠 수도 있다. 그러므로 고객을 만족시키기 위한 많은 노력 중에서도 특히 고객 접점에서 고객의 불만 요소를 최소로 줄이고 최대로 만족시켜야만 한다. 그래야 성공적인 기업으로서 사업 파트너인 고객과 함께 발전하게 된다. 고객이 없으면 기업도 없다. 고객이 있어야 기업도 있고, 고객이 행복해야 기업도 행복하다.

그렇다면 고객 접점에서 고객을 만족시키기 위해 가장 먼저 해야 할 일은 무엇일까? 조금 더 구체적으로 말하자면, 고객의 심리를 안정시키고, 고객의 감정을 긍정적으로 이끌기 위한 시작은 무엇으로 해야 할까? 여러 가지 요소가 있겠지만, 무엇보다도 고객 한 사람 한 사람에 대한 진정성 있는 배려와 감정을 소중하게 여기려는 노력이 중요하다. 그리고 다양한 고객들의 행동 유형과 소통 패턴에 고려하여 응대하는 일이 제일 우선적이고도 중요한 포인트라고 하겠다.

고객과 만나는 짧은 순간에 고객행동 유형별 의사소통 스타일의 핵심적인 특징을 파악해 내고, 고객행동 유형별로 좋아하는 소통 패턴과 싫어하는 소통 패턴을 구분할 수 있어야 한다. 고객이 좋아하는 스타일로 소통하고 싫어하는 스타일로 소통하지 않는 것이 핵심이다. 즉 고객행동 유형별 고객만족을 위해 소통 패턴 전략으로 대처하여 감정을 상하게 하거나 심리적으로 불안감을 일으킬 만한 요소들은 사전에 제거 또는 방지하고, 편안하고 즐거운 감정으로 구매과정이 이루어지도록 적극적으로 돕는 것이다. 이를 위해서는 바로 앞 장에서 기술했던 '고객행동 유형별 소통 패턴'의 인간행동유형의 특성에 기반을 둔 고객만족 소통전략을 적용해 다음과 같이 대처하면 매우 효과적이다.

먼저, 파워풀한 성향의 주도형(Dominance) 고객에게는 그를 왕처럼 대우해 주는 것이 포인트다. "고객님이 최고다!"라는 느낌을 받도록 표현하는 것이다. 첫인사부터 마치 신하가 왕을 맞이하는 자세를 보여 주며 시원스럽고 큰 목소리의 확실한 인사말로 환대해 보자. 그들은 구매과정에서도 압도적인 권한으로 강력하게 통제하려는 힘이 있으므로 그의 선택이 탁월하다고 인정해 주며 결정에 따라줘야 한다.

고객의 질문에 대한 답변은 결론부터 간단히, 빠르게 요점만 답하는 것이 좋다. 장황한 설명이나 머뭇거리는 답변 태도는 가장 피해야 할 응대 자세다. 또 섣불리 고객에게 조언하려 하거나 그의 결정에 반대하는 느낌을 주어서는 안 된다. 혹시 그의 결정이나 생각에 참고 사항이나 보완할 점을 말해주고 싶거든, 먼저 그의 권위를 최대한 존중해주고 난 후, 넌지시 알려 주는 것이 좋다.

다음으로, 감정 표현을 좋아하는 사교형(Influence) 고객에게는 무엇보다도 밝고 호의적인 분위기를 만들어야 한다. 고객을 기다리고 있었다는 듯, 마치 반가운 친구를 만난 듯이 친근감 있는 환영의 인사말과 함께 따뜻하게 맞이한다. 화려하고 멋을 부린 그의 차림새나 외모에 대해 콕 꼬집어 칭찬해 주고, 시종일관 유쾌한 기분을 유지할 수 있도록 미소를 잃지 말자. 혹시 구매과정에 별 의미 없는 질문이나 불필요하게 긴 이야기를 하더라도 싫은 내색 없이 공감하며 들어 주면서 맞장구쳐 주기를 중단하지 말아야 한다.

만약 친절을 베풀려고 제품에 대해 긴 설명을 하면서 판매 의도를 의도적으로 드러내 사무적으로 대하거나 딱딱한 인상을 준다면, 고객은 매우 실망한 감정과 표정으로 구매 의도를 상실할 수도 있다. 주의가 산만해 보이고 화제가 다양해지더라도 가능하면 인내심을 갖고 대해 주고, 그가 충분히 말하고 자신의 감정을 즐겁게 표현할 수 있도록 도와주는 것이 좋다. 고객 접점에서 감정적으로 불편해지거나 부정적인 요소가 생기면 상처받고 떠날 고객이다.

다음, 별다른 특징 없이 조용한 안정형(Steadiness) 고객에게는 너무 부담을 갖지 않도록 차분하고 편안하게 맞이해야 한다. 너무 크게 인사하며 타인의 주목을 받게 하거나, 호들갑스럽게 가까이 다가가면 어색해한다. 공식적, 사무적 느낌의 분위기도 불편해한다. 언어적 응대보다 비언어적 응대에 더 안도하며, 다그치는 뉘앙스로 빠른 선택이나 결정을 압박하면 긴장하고 난처해하니 삼가야 한다.

안정적인 분위기에서 느긋하게 생각하고 여유 있게 결정하도록 자유로운 시간을 주고, 너무 많은 자료나 정보보다는 양자택일할 수 있는 기회를 제공해 준다. 압박이나 갈등을 야기하지 않도록 주의하고, 여유 있게 생각할 수 있도록 기다려 주며, 선택이 임박해 보이면 확신을 주며 결정을 돕는다. 길고 어렵고 복잡한 설명은 피한다. 그가 듣고 있는 것 같지만 실제 내용은 제대로 듣고 있지 않을 수 있기 때문이다. 대신 나지막한 말투로 천천히 말하고 배려해 주는 편이 좋다.

끝으로 보수적인 느낌으로 까칠한 신중형(Conscientiousness) 고객에게는 깔끔하고 정돈된 태도로 깍듯이 예우해야 한다. 그는 과도한 호의나 불필요한 대화를 원하지 않는다. 너무 가까이도 아니고, 너무 멀지도 않으며 지나친 관심도 아니고, 방치하지도 않으며 필요시 언제라도 응대하자. 상당히 까다롭다. 제품의 품질, 기능, 서비스, 가격 등을 자신의 기준이나 기대치에 부합하는지를 따져보고, 장단점을 꼼꼼히 비교해 본 후, 자신이 만족해야만 선택한다.

다른 사람이 내린 결정에 대해서는 믿지 않으며, 특히 여러 가지 객관적인 증거에 의해 확신을 갖기 때문에 가능하면 말보다는 준비된 자료나 근거 있는 정보를 제공하고 충분히 고민할 시간을 주어야 한다. 그의 그러한 구매과정을 비난하거나 계속되는 여러 가지 질문에 대해 답변하기를 귀찮아한다는 느낌을 주지 않도록 조심하자. 궁금해하는 것들에 대해 명료하고 신뢰감 있게 응대하면 만족해한다.

# 고객행동 유형별 불만 표출 특성과 대처 방법

: 기업에서는 고객행동 유형에 따라 다르게 나타나는 불만 표출 특성을 이해하고, 그에 따른 접근 방법이나 해결 과정을 차별화해야만 성공적인 불만 처리와 분노 고객 응대가 가능해진다. 고객의 행동 성향과 소통 패턴에 따라 효과적으로 대처하는 전략이 필요하다. 기업의 입장에서 일방적으로 펼쳐 나가는 고객 응대 전략에서 벗어나야 한다.

고객의 분노를 경험해 본 적이 있는가? 고객이 불만을 표출할 때 어떻게 대처해야 마치 뜨거운 커피잔 속에 차가운 아이스크림이 녹아내리듯 스르르 누그러뜨릴 수 있을까? 기업이 의도적으로 고객의 불만을 외면하거나 분노를 방치한다는 것은 있을 수 없다. 고객이 분노하면 기업은 긴장한다. 따라서 고객의 불만을 잠재우기 위해 기업은 여러 가지 수단과 방법을 사용한다. 사과도 하고, 보상도 한다. 그러나 그러한 노력에도 불구하고 고객의 분노는 점점 커지고, 걷잡을 수 없는 손실로 기업 존립을 위태롭게 할 만큼 타격을 주기도 한다. 고객의 분노가 기업을 불태우는 것이다.

따라서 기업은 고객의 불만 표출에 효과적인 대책을 마련해야 한다. 그중에서도 가장 중요한 것이 고객 접점에서 고객이 분노를 삭이고 화난 감정에서 벗어나 평정심을 되찾을 수 있을지 기업은 묘안을 찾고 충분히 대비하도록 훈련해야 한다. 특히 어떤 말과 태도로 고객을 응대해야 분노한 고객에게 마치 화재를 진압하는 소방차의 노즐에서 나오는 물처럼 한 번에 고객의 화를 잠재울 수 있으며, 폭발할 것 같은 분노도 순식간에 연기처럼 사라지게 할 수 있을까? 고객의 분노가 사라질 때 기업에는 희망이 찾아온다.

그러나 천편일률적인 응대 매뉴얼을 불만 고객 누구에게나 적용한다면 위와 같은 효과를 기대하기 어렵다. 왜냐하면 고객마다 불만을 느끼는 정도와 표현 특성, 분노를 표출하는 방식이나 해소해 가는 과정이 다르기 때문이다. 이를 무시하고 단편적인 매뉴얼로 대처한다면 아무런 효과가 없는 무용지물이 될 수도 있고, 심지어는 화를 더 키우는 결과를 낳기도 한다.

따라서 앞 장에서 얘기한 인간행동유형 DISC의 의사소통 스타일 특성을 먼저 이해하는 것이 필요하다. 즉 기업에서는 고객행동 유형에 따라 다르게 나타나는 불만 표출 특성을 이해하고, 그에 따른 접근 방법이나 해결 과정을 차별화해야만 성공적인 불만 처리와 분노 고객 응대가 가능해진다는 말이다. 고객의 행동 성향과 소통 패턴에 따라 효과적으로 대처하는 전략이 필요하다. 그러므로 아래에 제시하는 고객행동 유형별 불만 표출 특성과 분노 패턴을 이해하고, 그에 따른 고객 응대 요령과 대처 기법을 익혀 둔다면 매우 큰 도움이 될 것이다.

첫째, 주도형(Dominance) 고객은 파워풀한 '즉석폭발형' 분노 표출 유형이다. 이러한 고객에게는 분노를 빠르게 수용하고 신속하게 잘못을 인정해야 하며 완전한 사과만이 더 이상 그의 분노를 키우지 않는다. 일단 보여지는 태도가 중요하다. 먼저 고개를 숙이고 자세를 낮춰 사과하자! 마치 왕의 분노에 대해 신하가 취하는 태도가 효과적이다. 만약 다른 고객이 함께 있다면 더 과감하게 그런 태도로 사과해서 그의 자존심을 세워 주어야 한다.

그들은 작은 불만에도 분노 에너지가 솟아오른다. 남들은 그냥 넘어갈 것 같은데도 자존심이 상하거나 자신이 무시당했다는 생각이 들면 참지 못한다. 스스로 감정을 잘 제어하지 못하기 때문에 분노 표출 후의 상황 전개나 결과에 대한 예측도 잘해 보지 않고, 앞뒤 가리지 않으면서 그 자리에서 그때그때 바로 분노하는 습관이 있다. 빠르고 직설적으로 마치 분노 감정을 배설하듯 표현하므로, 그것을 막아 보려고 어설프게 응대했다가는 더 큰 분노 덩어리를 만들고 만다. 그러므로 이런 고객에게는 그의 분노에 대해 100% 받아들이고, 오히려 그 정도의 불만 표출과 불평에 대해 감사하다고 말하는 것이 좋다. 그래야 그가 더 이상 분노하지 않게 된다.

그렇게 자신의 존재감을 과시하고 무시당하지 않았으며 확실한 사과를 받았다고 느끼면 그의 분노는 어느새 자취를 감추고 만다. 그리고 자신의 분노 표출에 마치 미안하다는 듯 반대로 사과를 하는 경우도 있고, 기업의 입장이 되어 이해해 주려는 포용력을 보여 주기도 한다. 흔히 '쿨한 성격이다', '뒤끝이 없다'라고도 한다. 그 순간만 잘 수용해 주면 오히려 충성 고객이 되기도 한다. 가장 어려워 보이지만 가장 수월한 경우가 될 수 있다. 그를 달래는 첫 반응, 한 순간의 응대 태도가 성패를 좌우한다.

둘째, 사교형(Influence) 고객은 '설득주장형'으로 자신의 불만을 표출한다. 이런 분노 표현에 대해서는 200% 공감하며, 그가 말하는 불평을 끝까지 들어 주자. 그들은 자신이 매우 친절한 사람으로서 불만스러운 사항에 대해 인내하며 화내지 않고 싶지만, 어쩔 수 없이 불평할 수밖에 없다는 긴 사설을 이어간다. 불평하는 자신이 스스로 마음에 들지 않는다는 듯 마치 자책하기도 하며 상처받고 속상해할 때, 그의 마음을 어루만지듯 감싸 주어야 한다. 그를 충분히 인정해 주며 마치 친구처럼 동료처럼 함께 느끼고 함께 고민한다는 친근감을 표현해 주면 더 효과적이다.

고객은 자신이 나쁜 사람이 아니고, 불평을 많이 하는 사람이 아니며, 웬만하면 다 이해하고 넘어가 주는 착한 사람이라는 것을 여러 가지 사례를 들어 일일이 설명하며 하소연하기도 한다. 긍정적이고 낙관적인 자신에 대해 오래 설명을 이어가도 지루해하지 말고, 흔쾌히 공감해 주고 감사하다는 표현을 적극적으로 하자.

그런데 그러다 보면 그가 도대체 무엇에 그렇게 불만이고 분노했는지, 확실하게 무엇을 불평하는지 핵심을 찾아내기 어려울 수도 있다. 그럴 때는 그의 이야기를 다 들어 주고 난 뒤에 직접 물어보는 것도 나쁘지 않다. 어떤 문제를 해결하고 싶은지, 무엇을 도와주면 되는지 질문해 보는 것이다. 그것에 대해서 흔쾌히 해결해 주면 고객은 기분이 좋아지고 상황은 원활해져 일이 쉽게 풀린다.

또 자신이 할 말을 다했기 때문에 이미 그 불만을 표현한 것만으로도, 그의 불평을 잘 들어 주었다는 것만으로도 그의 불만이 어느 정도 해소될 가능성이 크다. 어쩌면 그것만으로 다 되었다고, 고객이 기업의 입장이나 상황을 이해할 수 있다고, 오히려 자기가 불평해서 미안하다며 사과하는 경우가 발생하기도 한다. 관계를 해치지 않고 지속하려는 성향이 강하기 때문에 나오는 결과다.

셋째, 안정형(Steadiness) 고객의 불만 표현 방식은 '수동적 공격형'이다. 다른 유형의 고객들처럼 떠들썩하게 과하거나 직접적으로 불평하지 않는다. 그에게 불만이 있었는지조차 알아차릴 수 없는 경우가 대부분이다. 왜냐하면 그들은 평화적 관계를 선호하고 자신을 상황이나 조건에 맞추려는 성향으로, 불만을 느끼거나 불평하기를 싫어하기 때문이다. 그러므로 안정형 성향이 강해 보이는 고객은 오히려 조금 더 관심을 가지고 관찰하며 지켜볼 필요가 있다. 이들의 분노는 소리 없이 표출되고 있을지도 모른다. 너무 다가가도 불편해하지만, 너무 모른 척하면 도움이 필요해도 요청하지 못하고 머뭇거리고 기다리고만 있을 수 있다. 사실은 그들도 사람을 좋아하지만 낯설어할 뿐이다. 다른 유형의 고객들을 응대하다가 뒤로 밀려 있거나 미처 돌보지 못했다면 조용히 다가가 따뜻하게 사과하자. 사과를 하는 과정이나 절차에서도 너무 노출되지 않게 배려하는 것이 바람직하다. 불편하지 않고 최대한 편안한 분위기와 태도로 대해 주어야 한다.

그리고 말한 것처럼 안정형 고객은 특히 갈등 상황을 야기한다거나 다툼이 유발되는 것 자체를 피하려 하기 때문에 설령 불만이 생기더라도 표현하지 않거나 그냥 넘어가 버린다. 그래서 기업에서는 만족해하는 것으로 착각하거나 오해가 생기기도 한다. 특별히 이들의 불만 요소에 대해 신경을 쓰지 않기도 하며 늘 '착한 고객'으로 분류해 놓기도 한다. 실제로 어지간해서는 화를 내지도 않고 분노를 표출하지도 않는다.

그러나 그런 안정형 고객도 참을 수 없는 불만이 생기고 분노할 수 있다. 그들도 감정이 있기 때문에 어떻게든 자신의 분노를 표현하고 싶을 것이다. 그래서 그들이 택한 것이 바로 직설적·적극적·능동적 불만 표출 대신 간접적·소극적·수동적인 공격이다. 불만을 겉으로 드러내지 않고, 마치 불평하지 않은 것처럼 보이도록 표현한다.

예를 들면 아무 말 없이 기업을 떠나버린다든지, 자신이 먼저 나서지는 않지만 다른 고객의 불만 표출이나 불평에 동조해 힘을 실어 주거나, 아무것도 하지 않고 무반응으로 기업에 스트레스를 주는 방법을 사용하기도 한다. 또 주위의 가까운 이들을 따라 조용히 거래처를 옮겨 버리기도 하며, 직접 항의하는 대신 대면하지 않아도 되는 인터넷이나 관계 기관에 간접적으로 알려 기업을 곤란하게 만들기도 한다.

이러한 고객에게 주도형이나 사교형을 대하듯 빠르고 적극적이고 직접적인 대응을 하면 오히려 숨어 버리게 만들거나 더 긴 침묵으로 유도하는 결과를 가져오기 쉽다. 이런 경우에는 느긋하고 편안하고 안정적으로 다가가며 언어보다는 비언어적으로 응대하고, 공개적 사과보다는 비공개적으로 따뜻한 느낌을 주며 불만을 해결해 주려는 노력이 필요하다. 그들은 느리지만 서서히 여유를 갖고 대해 주는 것을 좋아하며, 평화적으로 해결하는 것을 좋아한다.

넷째, 신중형(Conscientiousness) 고객의 불만 표출은 '수사탐구적' 분노 유형이다. 그들에게는 신뢰감을 주는 언어적·비언어적 태도가 동시에 이뤄져야 한다. 적당한 선에서 무마하려는 응대 전략은 그들을 더 크게 더 깊이 분노하게 만든다. 자신이 가진 불만에 대해 자신이 세운 기준에 부합하고 확실하고 완전하게 의문이 풀려서 문제가 완전히 해소되기 전까지는 아무리 그를 설득하려 해도 통하지 않는다.

그들은 매사에 비교 분석하는 습관이 있고, 완벽함을 추구하려는 성향이 있기 때문에 쉽게 만족하지도 않지만, 한번 불만이 생긴 사안에 대해서는 끝까지 파고들며 조사하고 분석하려는 특성이 있다. 마치 수사관이 사건을 파헤치듯이 왜 그런 상황이 발생했는지,

어떻게 그렇게 전개되었는지, 왜 그런 결과가 나타났는지에 대해 천천히 들여다보고, 그렇다면 어떤 방법으로 해결할 것인지에 대해서도 차근차근 따져보는 경향이 뚜렷하다.

그러므로 섣불리 협상하려고 하거나, 어설픈 응대 태도를 보이면 양적으로나 질적으로나 그의 분노를 키울 뿐이다. 그들이 원하는 결론에 도달할 수 있도록 최선을 다해 도와야 한다. 그것도 깍듯이 예절을 갖추어 응대하고, 공식적인 자세와 용어를 사용하며, 질적으로 증명된 자료나 증거를 제시해 주어야 한다. 그가 스스로 모든 것들을 살펴본 후 만족할 수 있도록 기다려 주고 지켜봐 주며, 필요할 때는 한 점 의심하지 않도록 대해 줘야 한다.

까다로운 그의 태도에 대해 싫은 표정이나 비난하는 느낌을 주어서도 안 되며, 오로지 그가 선택하고 결론을 내리도록 권한을 주는 것이 좋다. 그렇게 불만이 해소되고 만족한 결과를 제공한다면 신중형 고객이야말로 더 확실한 고객으로, 장기적 충성 고객이 될 가능성이 가장 높다. 분노가 사랑으로 바뀌기도 하는 유형이다.


누가 분노하는 고객을 두렵다고 했는가? 또 고객의 불만과 불평을 피하고 싶다고 했는가? 그러나 고객의 불만과 불평을 완전하게 없앨 방법도 없고, 그 상황을 피할 수도 없다. 오히려 고객이 왜 불만을 갖게 되고, 그들이 가진 불만을 어떻게 표현하고, 왜 분노하며, 그럴 때 기업은 어떻게 대처해야 하는지를 적극적으로 알아내야 한다. 또, 이에 대한 대응을 위한 노력은 결과적으로 기업의 생존과 성장 발전에 큰 원동력이 된다. 그리고 다양한 성향의 고객들에게 기업의 입장에서 일방적으로 펼쳐 나가는 고객 응대 전략을 벗어나, 고객행동 유형별로 맞춤형 소통과 쌍방향 소통을 해나간다면 생존과 성장 가능성은 더욱 커진다고 하겠다.

# 4

# 불만 고객을
# 충성 고객으로 바꾸는 비법

: 불만 고객에 빠르고 효과적으로 잘 대처하면 의외의 성과로 이어질 수 있다. 고객이 느끼는 불만 정도에 따른 심리와 행동 특성을 이해해 주고, 그들의 욕구를 효과적으로 해결해 준다면 반전의 결과를 얻게 된다. 이미 경험한 제품이나 서비스 등은 기존 인식보다 훨씬 긍정적으로 강화되고, 아직 경험하지 못한 것도 미리 좋은 인식을 갖기 때문에 불만을 제기하지 않았을 때보다 고객 충성도가 더 높아지게 된다.

'비 온 뒤에 땅이 굳는다.'라는 속담은 어떤 문제가 발생했거나 곤란한 과정을 겪었지만, 그 후 오히려 상황이 더 나아지거나 좋게 발전한다는 뜻이다. 비 오기 전 서로 간의 신뢰나 관계의 질을 약화시키고 해를 끼칠 위협 요소로 작용할 수 있는 '비'를 만났음에도 그 뒤 더 신뢰가 돈독해지거나 관계의 양이나 질이 더 좋아지는 경우를 뜻하는 것이다. 기업과 고객과의 관계도 그럴 수 있다. 고객이 기업의 브랜드에 대해 부정적 감정이 생기게 되었더라도 다시 긍정적 감정으로 바꿀 수 있다.

기업에서 제공한 제품이나 서비스에 대해 고객이 가지는 불만을 만족스럽게 해결하는 과정과 결과를 통해 오히려 이전의 브랜드 이미지를 더 좋게 향상시킬 수 있다. 그러므로 기업은 고객의 불만에 대해 가장 최적의 해결책을 찾는다. 고객 불만 요소 제거를 위한 대책을 적용하여 고객만족(CS: Customer Satisfaction)을 이끌어내고 나아가 고객에게 감동을 주어야 한다. 즉 기업은 불만 고객을 충성 고객으로 만들 비법으로 최선의 노력을 기울이는 것이 살아남고 성장하기 위해 반드시 해야만 하는 중요한 마케팅관리 요소다. 애써 쌓아 올린 고객 관계와 기업 성과를 '비'를 맞아 흐트러지고 무너지게 할 수는 없는 것이다.

고객은 언제든 기업을 떠날 준비가 돼 있다고 해도 과언이 아니다. 또 떠날 고객은 예고도 없고 말도 없이 떠나가기도 한다. 기업과의 관계에서 아무 문제가 없는 것처럼 보이다가, 어느 날 떠나간 고객을 나중에야 알 수도 있다. 상처를 안고 떠난 고객, 불만을 품고 떠나간 고객과의 관계를 회복하기 위해서 기업 입장에서는 너무 큰 손실을 감당해야 하거나 지출하지 않아도 될 비용을 지불하면서도 돌이키기 어려운 상황이 되기도 한다.

그런 상황으로 가기보다는 차라리 불만족스러운 상황에 대해 기업에 불평(Complain)을 해 주는 고객들을 감사하게 받아들여 주고, 그럴 수 있는 여건과 기회를 먼저 제공해 주면서 적극적으로 고객 불만을 수집해야 한다. 고객의 소리, VOC(Voice Of Customer)에 귀를 기울여 기업의 상품이나 서비스에 대한 고객의 반응·의견·문의·불만 등을 '비'가 내리기 전, '구름' 상태에서부터 미리 파악하려고 노력해야 한다. 기업에서는 마치 마른하늘에 날벼락 격으로 어느 날 갑자기 '폭우'처럼 쏟아지는 고객의 불만에 놀라고, '쓰나미'처럼 몰아치는 고객의 분노에 당황스럽다고 할 수 있지만 실상은 그렇지 않다. 수없이 많은 구름이 만들어졌다가 사라지고, 비는 내리지 않았지만 스쳐 지나가고 있었는데, 기업은 그것을 인지하지 못했거나 인지했더라도 여러 가지 이유나 상황을 핑계 삼아 합리화하며 간과했던 경우가 많다.

불만(不滿)은 만족하지 못한 상태를 말하며, 그 불만을 표현하면 불평(不平)이 된다. 대부분의 고객들은 불만이 있어도 기업의 입장을 이해하고 참아낸다. 고객이 불만을 그냥 간과하거나 마음속에 담아 둔 상태에서는 기업은 무엇이 잘못되고, 고객이 무엇을 원하는지 알 수가 없다. 그것을 어떤 형태로든 외부로 나타냈을 때 그 해결의 실마리를 찾을 수 있다. 그런데 한 통계에 의하면 불만을 가진 고객 중 96%는 그것을 직접 표현하지 않는다고 한다. 그 이유는 증거를 대기가 어렵거나, 되도록 빨리 잊고 싶거나, 누군가를 비난해야 하는 부담감 때문에 아예 조용히 거래를 중지하거나 다른 곳으로 옮겨 버린다고 한다. 기업으로서는 불행한 일이다.

하지만 간접적으로는 불만을 얘기하는 경우가 상당히 많다. 가족이나 동료, 이웃은 물론이고, 최근에는 오프라인보다 부담이 적지만 오히려 파급력이 더 강력하다고 느끼는 온라인에서 불만을 토로하며 비난의 목소리를 높이는 경우가 다반사다. 그러다 보면 모든 것을 파괴할 만큼의 치명적 결과를 낳기도 한다.

그러므로 기업은 고객의 작은 목소리라도 허투루 듣지 말고, 두루뭉술하게 넘어가지 말아야 하며, VOC의 원인에 대해 다양한 분석과 효과적인 피드백을 제공해야 한다. '안티 팬도 팬이다', '무플보다 악플이 낫다'라고도 하지 않는가? 무관심, 무반응보다는 적극적으로 진정성 있게 기업의 입장에 대한 의사를 표현해 줄 때 결과적으로 긍정적 성과를 얻게 된다.

그리고 불만의 강도가 매우 높아 분노한 고객이라면 더욱 적극적인 대응으로 고객과 기업 모두의 손실을 최소화해야 한다. 나아가 전화위복(轉禍爲福)의 계기로 삼는다면 기업과 고객 모두에게 득이 될 수 있다. 그러므로 불만을 제기하는 고객을 적대시하거나 외면하기보다는, 오히려 이해와 포용의 자세로 대처해야 한다.

그러면 고객의 불만을 잘못 처리하는 또 다른 상황을 보자. 고객이 불만에 대해 항의함에도 기업이 무반응으로 무시하거나, 수용을 거절하면 고객은 이내 항의를 포기하게 되고, 문제 개선을 위한 기회가 상실되고 만다. 그럴수록 다른 고객들까지도 불만 가능성은 점점 증가해 제품과 서비스에 대한 불신의 정도가 깊어지면 매출 저하로 이어지고 경영수지는 악화된다. 결국 외부 고객뿐 아니라 조직 내부의 고객마저 이탈까지 가속화돼 머지않아 시장에서 퇴출되는 수순을 밟을 수밖에 없다.

하지만 불만 고객에 빠르고 효과적으로 잘 대처하면 의외의 성과로 이어질 수 있다. 고객이 느끼는 불만 정도에 따른 심리와 행동 특성을 이해해 주고, 그들의 욕구를 효과적으로 해결해 준다면 반전의 결과를 얻게 된다. 이미 경험한 제품이나 서비스 등은 기존 인식보다 훨씬 긍정적으로 강화되고, 아직 경험하지 못한 것도 미리 좋은 인식을 갖기 때문에 불만을 제기하지 않았을 때보다 고객 충성도(Customer Loyalty)가 더 높아지게 된다.

그러면 불만 고객을 충성 고객으로 만드는 비법은 무엇일까? 얼마나 특별한 것이며 차마 실행하기는 어려운 것일까?

결론부터 말하면, 그렇지 않다. 실은 그리 특별한 묘수가 아니며, 도저히 실행이 어려운 것도 아니다. 차라리 너무 평범해 별다를 것 없다고 여길 수도 있는데, 그 첫 번째 비법은 '고객과 진심으로 역지사지(易地思之)'하는 것이다. 기업이 불만 고객과 입장을 바꿔서 생각해 보면 고객이 왜 불만을 느끼게 되는지 너무나 쉽게 알 수 있다. 그것이 고객 불만 관리의 출발점이다. 고객의 불만을 이해해 주고, 그 감정을 인정해 주는 것만으로도 이미 절반은 해결했다고 볼 수도 있다. 시작이 반이다.

그런데 가장 기본적인 이 역지사지의 개념을 부정하면 기업은 고객과 전쟁을 시작하는 것이다. 기업이 자신의 입장에서 고객 문제를 해석하고, 고객 불만을 바라본다면 고객에게 진심으로 다가갈 수 없다. 고객이 걸어오는 같은 길로 기업이 마중 나가 만나야 일을 해결할 수 있는데, 다른 길로 어긋나거나 평행선을 걸으면 고객을 만날 수 없다. 각기 서로 다른 입장만 주장하며, 서로를 이해해 달라고 목소리를 높이면 해결책을 찾을 수 없다.

이는 다 아는 사실이고, 쉬울 것도 같은데, 기업에서 역지사지는 왜 어려운 것일까? 그 이유는 여러 가지가 있겠지만, 무엇보다도 고객의 불평불만 호소를 기업을 향한 공격으로 받아들이고, 기업은 전사적으로 방어 전략을 펼치려는 입장을 취하기 때문이다. 고객을 기업의 생존과 성장의 핵심 요인으로 여기고, 파트너십을 가진다고 말은 하지만, 실제로는 그렇지 않기 때문이다. 이는 바람직하지 않으므로 기업은 마음을 활짝 열고 고객의 불만을 경청해야 한다. 이것이야말로 가장 먼저 해야 할 의무요, 책임이다. 그리고 불만 표시에 대한 감사와 함께 고객의 입장이 되어 깊은 공감을 표시한 후, 고객이 편안한 감정 상태로 받아들일 수 있도록 사과하고, 충분한 설명이 필요해진다.

그런 다음, 어떤 해결 절차가 효과적일까? 고객 불만 해소를 위해 가능한 범위 설정과 방법 제시 후, 고객의 선택과 동의를 얻어 해결을 약속한다. 그리고 신속하게 처리해야 한다. 처리된 사항에 대해서는 고객에게 확인시키며 재차 거듭된 사과를 해야 한다. 이후 그 불만 해소 과정과 고객 만족 결과에 대한 피드백을 받고, 정기적인 사후 관리로써 지속적인 고객관계 관리를 이어가야 한다.

그런데 고객의 불만에도 몇 단계가 있다. 불만 1도는 '불편하다', 2도는 '어이없고 불쾌하다', 3도는 '폭발할 것 같은 분노가 치민다'가 그것이다. 불만 1도와 2도에서 대부분 고객의 심리는 자책감과 함께 상담을 요구하고 응대 책임을 바란다. 그러나 단계가 높아질수록, 그리고 고객행동 유형별 의사소통 특성과 감정 형성 및 분출 패턴 등에 따라 즉각적으로 화를 내기도 하며 금전적 보상을 원한다. 또 불안 심리가 가중돼 호소와 애원을 하기도 하며, 피해를 입었다고 판단되면 공격적으로 돌변하기도 한다. 그러나 불만 고객이 공통적으로 바라는 것은 정중한 사과와 함께 문제의 해결 및 보상, 그리고 개인적 배려 등이다.

기업은 고객의 표면적인 불만 해소에 그치지 않고, 충성도가 높은 열성 고객으로 만들어야 한다. 단골 고객, 충성도가 높은 고객의 기여도와 기업의 이익 간의 관련성은 상당하다. 그들의 반복 구매로 매출액이 증가할 뿐만 아니라 운영비 감소 및 점차적 추가 구매, 고가격 지불 등의 가능성이 높아지고, 타인 추천 등 신규 고객 확보에도 큰 도움을 준다. 기업의 가장 큰 홍보 담당자이자 든든한 영업사원을 확보하는 의미가 된다.

"가장 불만에 가득 찬 고객이 가장 큰 배움의 원천이다(Your most unhappy customers are your most greatest source of learning)."라

던 빌 게이츠의 말처럼, 그들은 기업의 지속가능한 생존과 성장을 위해 개선해야 길을 제시해 주는 원천이다. 영원한 충성 고객은 없다. 그리고 위기는 위험하지만 또 다른 기회다. 불만 고객을 충성 고객으로 만들어 그들을 신나고 열광케 한다면 기업이 오래 살아남을 가능성이 더 높아지지 않겠는가?

# 5

# 화난 고객에게 해야 될 말 vs 해서는 안 되는 말

: 불난 집에 부채질하지 않도록 말 한마디로 천 냥 빚을 갚은 효과를 얻을 수 있도록 매뉴얼을 만들고 고객 접점에서 활용해야 하겠다. 화가 난 고객에게는 해야 될 말과 해서는 안 되는 말이 있다. 기업은 고객의 감정을 잘 살피고, 달래고 어루만지며 끈질긴 생명력을 유지해나가야 하며, 건강하게 성장하기 위해 고객을 파트너로 삼아야 한다.

'불난 집에 부채질한다.'

'말 한마디로 천 냥 빚을 갚는다.'

이러한 속담을 상기해 보자. 전자는 이미 발생한 문제를 더 악화시키는 방향으로 부정적인 상황을 만드는 것을 뜻하고, 후자는 곤란한 상황이나 어려운 문제를 쉽게 해결하도록 만드는 '말의 힘'을 강조하는 뜻이다. 또 전자를 설상가상으로 '불난 집에 기름을 붓는 격'이라고도 한다. 특별한 상황이 아니더라도 우리가 살아가는 현실 속에서 이런 예는 비일비재하며 인간관계나 의사소통 과정에서 대부분의 사람들이 자주 경험하고 있을 것이다. 특히 기업은 고객 접점에서 발생하는 불만 고객, 더구나 화가 치밀어 분노하는 고객 관리나 고객 응대를 위해서 삶의 지혜가 담긴 속담을 곱씹어 보아야 한다. 그리고 불난 집에 부채질하지 않도록, 말 한마디로 천 냥 빚을 갚은 효과를 얻을 수 있도록 매뉴얼을 만들고 고객 접점에서 활용해야 하겠다. 다시 말해 화가 난 고객에게는 해야 될 말과 해서는 안 되는 말이 있다.

속된 표현을 빌리면 '고객은 기업의 명줄을 쥐고 있다'라고 한다. 이는 지금까지 앞 장에서 누누이 강조한 고객의 중요성에 대해 단적으로 이르는 말이다. 그러므로 기업은 명줄을 쥔 고객의 감정을 잘 살피고, 달래고 어루만지며 끈질긴 생명력을 유지해 나가야 하며, 건강하게 성장하기 위해 고객을 파트너로 삼아야 한다. 고객은 기업을 함께 살리고 키우는 존재이니, 그들을 소홀히 여길 수 없으며 행복한 감정을 유지하도록 힘써야 한다. 공든 탑도 한순간에 와르르 무너져 내릴 수 있다. 불난 집은 부채질을 할 것이 아니라 빠른 진화와 복구를 위한 수단과 자원을 동원해야 하며, 갚아야 할 '빚'이 있다면 '말'부터 곱게 해 빚쟁이의 감정을 느슨하게 풀어야 할 것이다. 그러면 고객 접점에서 화가 난 고객에게 해서는 안 되는 '부채질이 되는 말'과 해야 될 '천 냥 빚도 갚는 말'에는 어떤 차이가 있을까?

먼저 '빚을 대신 할 수 있는 말', 해야 될 말들을 찾기에는 그리 어려울 것도 없다. 몇 가지 표현을 예로 들어보자.

"고객님 덕분에 이 정도인 것이 정말 다행입니다."

"저희를 이해해 주셔서 깊이 감사드립니다."

"저도 처음에는 어려웠습니다."

"다른 고객님들도 가끔 그런 질문을 하십니다."

"많이 기다리게 해서 죄송합니다."

"고객님을 조금 더 배려해 드리지 못해 죄송합니다."

"미리 설명해 드렸어야 했는데, 그러지 못해 죄송합니다."

"사전에 말씀드리고 확인서를 받았어야 하는데, 번거롭게 해서 사과드립니다."

"다음에는 고객님께서 불편을 겪지 않으시도록 준비하고 점검하겠습니다."

"고객님께서 만족하실 수 있도록 보상해 드리겠습니다."

등 얼마든지 상황에 따라 표현할 수 있는 말이 있다.

그런데 위와 같이 화난 고객에게 해야 될 말의 표현에는 공통점을 찾을 수 있다. 첫째는 고객 탓을 하지 않을 것, 둘째는 고객에게 감사할 것, 셋째는 고객을 칭찬할 것, 넷째는 기업의 잘못이나 실수를 인정할 것, 다섯째는 진심으로 사과할 것, 그리고 여섯째는 보상을 약속할 것 등이다. 이런 말들은 화난 고객의 감정을 어루만지고 문제해결의 방향으로 가는 제시어 역할을 한다. 적어도 고객의 감정을 더 불편하게 하거나 화를 북돋는 불쏘시개가 되지는 않을 것이다.

그러면 반대로 화가 난 고객에게 해서는 안 되는 말은 어떤 공통점이 있을까? 그것은 '부정의 말', '무시의 말', '핑계의 말', '회피의 말'이다. 이런 의미가 담긴 표현들은 화가 난 고객, 분노한 고객에게 절대로 해서는 안 되는 금기어다. 이런 말들이 바로 '불난 집에 부채질하는 말'이며 심지어 기름을 붓는 격이 된다.

그런데 필자는 종종 기업 컨설팅 중 흔히 듣는 하소연이 있다.

'차라리 불난 집은 확 다 태우고 새로 짓는 게 낫다.'

라고 한다. 즉, 그 불을 끄는 데 드는 노력이 낭비라는 생각이 들고, 불난 집을 보수하는 데 드는 힘을 오히려 새집 짓는 데 쓰겠다고 한다. 즉, 마음에 안 드는 고객에게 비위를 맞추고 달래는 대신 마음에 드는 고객에게 더 잘하겠다는 의미라는 것이다. 이미 불만을 느낀 고객이나 말이 안 통하는 고객을 설득하기 위해 노력을 기울이기보다는 호의적인 고객이나 쉽게 말이 통하는 고객에게 감동을 주는 편이 더 낫다는 것이다.

그렇다. 그 말에 일리는 있고, 더 효율적으로 보일 수 있다. 그러나 그것은 단기적인 판단으로 매우 위험한 결론이다. 기업이 고객을 골라 선택하겠다는 것은 타깃고객 설정 개념과는 다르다. 타깃고객 중에서도 발생하는 상황일 수 있는데, 이는 핵심고객도 버리겠다는 생각으로 근시적인 시각이고 착각이다. 고객이 불만을 느끼고 불평을 하게 되는 원인은 비슷하거나 여전히 존재하는데, 현재 우리에게 그것을 표현하지 않는다고 해서 그들이 만족하거나 불만이 없다고도 오판해서는 안 된다. 그 정도가 조금 다르게 받아들여졌거나 다른 이유들 때문에 참고 있었던 것일 수도 있으므로, 기회나 상황이 바뀌면 그들 역시 예측이 불가능하다.

그렇다면 불난 집에서 초기에 발화점을 찾아내 완전히 진화하는 소화기 역할은 못 할망정, '부채질'이나 '기름 붓는 격', '없던 불씨도 만들어 내기 쉬운 말'에는 어떤 것들이 있을까? 그것은 위에서 말한 것처럼 고객을 무시하거나 비난하는 말, 상황을 부정하고 책임을 회피하거나 전가하며 핑계를 찾아 둘러대는 말, 고객을 더 곤란에 빠뜨리는 말들이다.

"왜 화를 내고 그러세요?"

"그건 고객님 잘못이잖아요?"

"고객님이 먼저 그러셨잖아요?"

"다른 분들은 아무 말씀 안 하셨단 말예요."

"고객님이 실수하신 거 아닌가요?"

"에이, 농담인데 뭘 그러세요?"

"알 만한 분이 이러시면 안 되죠."

"그건 제 담당이 아닙니다."

"규정상 그건 안 됩니다."

"이거 한두 번 해 보셨어요?"

"아직도 이거 모르셨어요?"

"이거 한 번도 안 써보셨죠?"

이런 표현들을 고객에게 무심코 사용했었거나 아니면 의식적으로 했던 경우도 있을 것이다. 어쩌면 그동안 이런 표현을 당연하게 여겼을지도 모른다. 내심 여기에는 '뭘 더 어떻게 하라는 거죠?'라는 억울한 심정까지 담아서 말로써 고객의 2차적인 공격에 대한 방어막으로 사용하고 있을 수도 있다. 기업의 책임보다는 고객의 책임이나 문제로 인식시키고자 하는 의도가 담겨있다고 하겠다.

화가 난 고객이 이런 말을 듣는다면 어떤 감정일까? '그래, 이건 내 탓이야. 내가 잘못한 거야.'라고 수긍하며 반성이라도 할까? 어림 없다. 오히려 그야말로 적반하장이 따로 없다는 생각을 할 것이며, 간단한 하소연이나 작은 불평으로 시작했지만, 더 심각해지는 요인이 될 소지가 충분하다.

고객의 입장에서는 무엇인가에 대한 불만으로 불평하며, 특히 화가 난 상황이라면 적어도 기업 측에서는 그것을 받아들여 주고 인정해 주기를 기대한다. 그것이 고객의 니즈이며 감정 상태다. 그러나 기업이 안이한 태도를 보이고, 사태 파악과 수습은커녕 고객을 더 불편하게 하고, 어이없게 만들거나 심지어 분노를 키우는 말을 한다면 걷잡을 수 없는 화염과 화마가 되어 돌아올 것이다.

고객과 기업이 만나는 고객 접점, 특히 대면 접촉이 있는 경우라면 늘 대비해야 하는 것이 불만 고객의 불평에 대해 대응하고 처리하는 전략과 응대 기법이다. 마치 화재에 대비하는 안전 장비처럼 골든타임을 놓치지 않아야 한다. 언제든 예기치 못하게 발생할 수 있는 고객의 불평에 대한 응대 요령을 갖추고 있어야 당황하지 않으며, 침착하고 신속한 태도로 효과적인 대처를 할 수 있다.

# 고객의 감정에
# 제품의 가치를 어필하는 감성소통

: 구매 만족은 고객이 구매와 소비를 통해 느끼는 감정으로서 상품 기획과 개발, 생산·판매 과정에서 요구되는 마케팅 전략의 최우선 고려 사항이며 성패를 결정하는 핵심 요인이다. 무엇으로 고객의 감정을 움직일 것인가? 어떻게 고객의 감정을 행복하게 만들 것인가? 커뮤니케이션 방식에서도 고객의 감성을 자극하며 즐거운 감정을 만들고 유지하도록 소통해야 성공적이다.

제품을 구매할 때 가장 우선적으로 고려하는 것은 무엇인가? '가격'인가? '품질'인가? 아니면 가격이나 품질 이외에 또 다른 그 무엇을 고려하는가? 이는 제품이나 서비스를 선택하고 구매할 때 어떤 가치를 중요하게 여기고, 어떤 요소에 만족을 느끼는지에 대한 얘기다. 즉 더 우선적으로 고객의 구매 욕구를 충족시키는 요소, 바꿔 말하면 만족스러운 구매 욕구 충족을 통해 고객이 행복한 감정을 느끼도록 만드는 요소에서 차지하는 비중을 말하는 것이다.

이러한 소비심리, 구매 욕구를 대표적으로 표현하는 용어가 '가성비'와 '가심비'다. 전자는 '가격에 대비한 성능이나 품질에 대한 만족도', 그리고 후자는 '가격 대비 심리적 만족도'를 말한다. 가성비는 인간이 가진 제한적 합리성, 즉 이성적 측면을 조금 더 강조해 왔다고 하면, 가심비는 그 반대로 인간의 감성적 측면이 두드러진다고 해석할 수 있다. 그리고 이외에도 최근 가치 소비(價値 消費)라는 소비심리 트렌드 용어가 있다. 고객이 가격과 심리적 만족도와 함께 각자 자신이 추구하는 가치를 우선으로 두고 소비하는 심리를 이르는 말이다. 여기에는 가격과 품질, 디자인, 브랜드 등 다양한 요소를 고려하며, 특히 자신의 신념이나 가치관을 드러내기도 하고, 사회적 이슈나 트렌드를 반영하기도 한다. 이러한 가성비 소비, 가심비 소비, 가치 소비는 모두 고객의 구매 만족이 어느 요소에서 가장 많이 일어나는지를 알 수 있게 한다. 그런데 구매 만족은 고객이 구매와 소비를 통해 느끼는 감정으로서 상품 기획과 개발, 생산·판매 과정에서 요구되는 마케팅 전략의 최우선 고려 사항이며 성패를 결정하는 핵심 요인이다. 무엇으로 고객의 감정을 움직일 것인가? 어떻게 고객의 감정을 행복하게 만들 것인가?

물론 고객마다 구매 목적과 구매 욕구가 다르고, 선택과 결정 시 취향이 다르므로 다양한 고려 요소가 있을 것이다. 또 같은 고객이더라도 제품의 속성에 따라 고려하는 요소가 다를 것이다. 예를 들면 고관여 제품(High Involvement Product)과 저관여 제품(Low Involvement Product)이 그렇다.

고관여 제품은 자동차, 주택 등 고가의 내구재나 교육 의료, 법률 등 전문적인 제품이다. 구매를 위해 많은 시간과 노력을 투자해 정보 수집과 비교 분석을 통해 최적의 결정을 내린다. 반면에 저관여 제품은 음료수, 과자, 일회용품 등 일상적인 소비재로 선택이 결과에 미치는 영향이 적다. 따라서 고객은 구매 전 많은 고민이나 조사를 하지 않고, 주로 습관, 선호도, 가격, 유행 등에 따라 구매하거나 기분에 따라 호기심이 생기면 예정에 없던 즉흥적 소비를 하는 경향을 보인다. 이러한 고관여 제품과 저관여 제품은 고객의 구매 만족도 향상과 긍정적 감정 형성을 촉진하기 위해 마케팅 전략도 다르게 마련이다. 한마디로 요약하자면 고관여 제품은 고객에게 자세한 정보와 많은 혜택 제공, 저관여 제품은 고객의 관심을 끌 수 있는 요인을 선택하고 인지도를 상승시키는 전략이 유효하다.

그런데 앞서 말한 가성비, 가심비, 그리고 가치 소비 등 모든 구매 과정에서 기업과 고객은 필연적으로 소통을 한다. 고객이 어떤 소비를 원하는지에 따라 기업은 다양한 소통 채널과 방법을 통해 고객이 찾는 제품과 서비스에 대한 정보를 제공한다. 고객이 중요시하는 구매 요인을 고려하여 선택과 결정 시 고객만족에 도움이 될 만한 요소들을 강조하게 된다. 기업은 홍보, 광고, 영업 등에서 통합마케팅커뮤니케이션(IMC: Integrated Marketing Communication) 전략을 실행하는데, 커뮤니케이션 전략의 핵심은 감성소통이다. 고객의 감정에 흥미를 유발하고, 그 감정을 붙잡아 두어야 한다.

그러면 먼저, '가성비'를 우선시하는 고객에게 제품에 담긴 가치를 전달하기 위해 기업은 어떻게 감성소통 해야 할까? 고객은 적은 비용으로 최대의 효과를 얻을 수 있는 상품을 찾는다. 가격은 저렴하지만 기능은 우수한 전자제품, 할인율이 높고, 1+1이나 묶음 판매 행사 상품, 생활용품 등이 주로 해당된다. 굳이 불필요한 기능이나 부가서비스는 제외하고 꼭 필요한 기능이 있는 제품이면서도 낮은 가격에서 만족을 얻는다. 그러므로 기업은 가성비 고객의 심리를 정확히 파악하고, 그들이 값싸고 질 낮은 제품을 구매한다는 생각보다는 합리적인 소비로 현명한 구매 결정을 내린다는 감정을 갖도록 도와야 한다. 실용성과 효율성을 추구한다는 느낌으로 구매 결정을 하도록 제품이 제공하는 핵심 가치를 부각하고 구매를 통해 얻는 고객의 이익을 강조해 줌으로써 고객의 행복한 감정 형성을 촉진할 수 있다.

다음은 '가심비' 고객에게 제품의 가치를 어필하기 위한 감성소통 전략과 방법이다. 제품 구매를 위해 높은 가격을 지불하지만, 구매를 통해 마음의 위안을 찾고 만족을 얻는 것이다. 이는 실용성보다는 감성적 소비 측면으로 브랜드 가치나 이미지, 제품의 희소성이나 디자인을 중요하게 여긴다. 명품 가방이나 의류, 고가의 차량, 유명 브랜드 제품, 유명 장인이 직접 제작하는 제한적 수량의 제품 등이다. 개인적 취향이나 감성 만족을 위해서라면 가격을 뛰어넘어서라도 구매 가치가 있다고 판단하게 되며, 따라서 프리미엄가격이라도 기꺼이 지불하며 행복을 느낀다.

이러한 가심비 고객에게는 제품의 구매과정 하나하나에서 모두 만족스러운 감동을 주는 소통에 더욱 노력해야 한다. 특별한 방식의 정보 제공과 선별적인 구매 루트, 고급스러운 판매 전략을 수립해야 한다. 고객의 자존심을 세워 주고 구매와 소비의 전 과정에서 자존감을 만끽할 수 있는 장치를 만들어 줄 필요가 있다. 고객이 지불하는 가격은 단지 제품의 성능만을 의미하지 않는다. 고객은 브랜드 아이덴티티를 자신과 동일시하려고 하고, 브랜드 이미지에 자신의 이미지를 투사하고 싶어 한다. 그러므로 기업은 브랜드 가치를 잘 유지하는 데 힘써야 하고, 고객들에게 경쟁력 있는 브랜드 파워를 전달하기 위해 감성적으로 소통해야 한다. 또 제품과 서비스 자체에서 나타나는 오감의 감각적 요소는 물론이고, 커뮤니케이션 방식에서도 고객의 감성을 자극하며 즐거운 감정을 만들고 유지하도록 소통해야 성공적이다.

그리고 '가치 소비'를 추구하는 고객에게 기업이 효과적으로 감성소통 하는 방법은 어떤 것일까? 가치 소비는 미닝아웃(Meaning Out)이라고도 하는데 신념을 의미하는 미닝(Meaning)과 커밍아웃(Coming-out)이 결합된 단어다. 남들에게 밝히거나 세상 밖으로 드러내지 않았던 자기만의 의미 부여나 가치 추구, 취향 또는 정치적·사회적 신념 등을 구매와 소비를 통해 적극적으로 표출하는 현상이다. 또 남들 눈치 보지 않고 추구하는 '소확행(小確幸: 작지만 확실한 행복)'이나 '케렌시아(Querencia: 나만의 안식처)'처럼 서울대학교 소비트렌드 분석센터의 '소비트렌드 2018'에서 선정된 소비현상도 여기에 속한다. 그런데 미닝아웃은 적극적 구매뿐만 아니라 반대로 불매운동 형태로도 나타난다.

특히 SNS 채널의 발달로 인해 관심 있는 정보를 퍼 나르고 공유하며 해시태그를 사용해 공개적으로 자신의 신념을 공유하고, 사회적 이슈를 이끌어낸다. 제품에 문구나 문양으로 메시지를 담는 '슬로건 패션(Slogan Fashion)' 제품, '업사이클링(Up-cycling)'의 환경제품이나 '비건(Vegan)' 제품으로 채식주의자들을 겨냥한 마케팅이 생겨나고 활발한 시장진출이 가능해진 배경이기도 하다. 이런 고객에게 구매와 소비를 촉진하기 위해 기업에서는 미닝아웃 고객들이 각각 추구하는 신념과 가치에 부합하는 기업의 정체성과 제품의 콘셉트를 설정하는 것이 우선이다. 그리고 고객이 이를 명확히 인식하고 그 가치를 긍정적으로 평가하도록 적극적인 방법으로 감성소통 해야 한다. 다양한 감성 자극 요소를 활용해 고객의 감정에 불을 지피고, 그 감정이 활활 타오르게 만들어야 한다.

이렇게 기업은 고객의 감성을 자극하고 감정적으로 소구할 수 있는 상품이나 서비스를 개발하고 증가시키는 감성마케팅을 실천해야 한다. 고객의 소비 심리와 구매 행동을 만족시킬 수 있어야 판로개척도 시장진출도 고객창출도 모두 가능하다. 그래야 성공 창업이 가능하고 매출 증대로 지속적 경영 활동도 꿈꿀 수 있다.

# 고객의 구매 만족을 위한 감성코칭과 감성지능

: 기업은 고객의 구매 의도를 파악하기 위해 경청하고, 고객의 명확한 구매 목적 설정과 구매 만족을 위해 적절한 질문을 하는 과정을 반복함으로써 고객이 편안하게 생각하고 천천히 비교하며 스스로 최선의 결론에 도달하도록 사심 없이 도우며 협력해야 한다. 제품을 팔지 말고 고객에게 질문하자. 고객 코칭 과정에서 가장 세심하게 살펴야 할 것은 바로 고객의 감정이다.

"고객이 행복할 때까지"라는 어느 기업의 광고 문구가 있다. 제품을 구매하고 소비하는 과정에서 고객이 행복해지도록 기업이 노력하겠다는 의미로 해석된다. 고객이 제품을 선택하고, 구매하고, 그것을 사용하는 모든 단계에서 자신의 구매 선택이나 결정을 적어도 후회하지 않도록 한다는 것이다. 제품이나 서비스에 대해 불만을 느끼는 것을 최소화하고, 만족을 극대화한다면 기업은 고객을 행복하게 만드는 것이다. 또 고객만족을 통한 고객 행복은 기업으로 환류되어 성공 창업을 위한 조건의 시작이자 끝이라고 하겠다. 즉 기업의 마케팅은 고객의 생애 가치를 긍정적으로 창조하기 위해 이루어져야 하고, 최종적으로는 고객의 행복을 만드는 것이 목적이어야 한다. 행복한 고객이 행복한 기업을 만들어 주기 때문이다.

고객만족을 위해 제품 자체의 성능, 안전성, 가격 등은 당연히 기본적 요소다. 이에 더해 고객이 제품의 구매과정을 통해 행복해질 수 있도록 만드는 전략에는 앞서 언급한 이외에 또 어떤 방법들이 있을까? 그것은 고객이 원하는 것을 스스로 선택하고 결정해 가는 과정을 돕는 방법이다. 왜냐하면 자칫 기업의 일방적인 홍보나 판매 전략으로 고객의 판단이나 기준을 흐리게 하여 강요하듯 이뤄진 구매는 고객에게 불만 요소가 되기 쉽다. 또 구매 후 그 선택 결과에 대해 만족하기 어려운 경우나 후회하는 경우가 많아지기 때문이다. 이러한 상황은 기업에 결코 득이 되지 않는다. 목전에서는 매출에 성공한 것처럼 보일 수 있지만, 장기적으로는 반품이나, 재구매 유도 실패 등으로 이어져 기존 고객 관리에 치명적인 오류를 일으킨다. 그리고 고객의 불만은 기업 경영을 위태롭게 만드는 가장 큰 장애물임은 이미 앞 장에서 강조했었다.

그러므로 기업이 제시하는 강력한 구매 제의나 다양한 촉진 전략에 의해 우발적인 구매가 이뤄지거나 마지못해 구매를 결정하는 경우가 발생하지 않도록 해야 한다. 고객이 스스로 자신의 구매 목적과 구매 의도를 잘 파악하고, 제품 선택의 기준에 대해 만족하며 확신에 찬 결정으로 이어질 수 있도록 기업은 최대한 도와야 할 필요가 있다. 그리고 필자는 이처럼 기업이 고객의 구매과정을 돕는 방법에 코칭 기법을 적용하기를 권장한다. 이른바 '당신의 고객을 코칭하라.'라고 역설해 보겠다. 고객이 행복한 구매과정을 경험하고, 행복한 감정으로 제품을 소비하도록 돕고 싶다면 고객의 구매 행동에 대한 코칭을 제안한다.

코칭(Coaching)은 코치와 코칭을 받는 사람인 코칭 대상자가 서로 파트너를 이루고, 코칭 대상자 스스로 목표를 설정하고, 그 목표를 효과적으로 달성하며 성장하도록 돕는 과정이다. 효과적이고 효율적인 코칭을 위해 코치는 코칭 대상자의 말을 경청하고, 주요 코칭 도구로써 질문을 사용하게 된다. 이를 기업과 고객에게 적용해 보면 기업은 코치가 되고, 고객은 코칭 대상자가 되는 관계를 형성하는 것이다. 즉, 기업은 고객의 구매 의도를 파악하기 위해 경청하고, 고객의 명확한 구매 목적 설정과 구매 만족을 위해 적절한 질문을 하는 과정을 반복함으로써 고객이 편안하게 생각하고 천천히 비교하며 스스로 최선의 결론에 도달하도록 사심 없이 도우며 협력해야 한다. 제품을 팔지 말고 원하는 것을 찾을 수 있도록 고객에게 질문하자. 여기서 기업의 제품을 선택하도록 처음부터 유도 질문을 하고, 고객의 자유로운 생각과 판단의 기회를 빈번히 가로막아 자사의 제품을 선택할 수밖에 없는 결론에 이르도록 코칭한다면 좋은 방법이 아니다.

고객 코칭 과정에서 특히 가장 세심하게 살펴야 할 것은 바로 고객의 감정이다. 합리적으로 사고하고 객관적으로 판단해야 한다는 프레임에 얽매이다 보면 고객의 취향이나 선호도, 기분이나 느낌 같은 감성적 측면을 무시하거나 간과할 위험이 있다. 고객은 최종적으로 자신의 감성에 의해 결정할 가능성이 크기 때문에 고객 감정을 인지하는 것이 중요하다. 그리고 그 감정을 숨기지 않고 자연스럽게 표현하도록 분위기를 만들어 감성적인 코칭이 이뤄지도록 이끌어야 한다. 그렇게 해야 고객이 구매에 대한 선택 실수나 결정 번복, 그리고 불만 생성을 줄일 수 있다. 다시 말해, 기업의 감성코칭은 구매를 통해 고객을 행복하게 만드는 데 매우 좋은 도구가 될 수 있다.

그렇다면 고객의 행복을 위한 감성코칭을 위해 코치 역할을 수행할 기업의 담당 직원에게는 어떤 역량이 필요할까? 먼저 제품에 대한 전문적 지식과 관련정보에 대한 이해도가 깊어야 한다. 고객이 궁금해하는 그 무엇이라도 해소해 줄 수 있어야 하고, 필요한 자료를 제공해 줄 수 있도록 준비되어야 한다. 그리고 고객과의 빠른 관계형성과 원활한 커뮤니케이션을 할 수 있는 기술과 태도를 가지도록 노력해야 한다. 고객에 대한 편견은 갖지 않되, 고객행동 유형에 따른 맞춤형 소통전략을 정확히 이해하고 있어야 고객 불만을 줄이고 성공적인 역할을 수행하는 데 도움이 된다. 그리고 이러한 커뮤니케이션 과정에서 요구되는 역량이 바로 코치, 즉 직원의 감성지능(Emotional Intelligence)이다.

감성지능은 피터 샐로베이(Peter Salovey)와 존 메이어(John Mayer)에 의해 1990년 『Emotional Intelligence』라는 논문에서 처음 소개된 개념으로 이후 다니엘 골먼(Daniel Goleman)의 책 『Emotional Intelligence』를 통해 대중적으로 알려지게 되었다. 다니엘 골먼은 감성지능을 "자신의 감정과 다른 사람들의 감정을 인식하고 이해하며, 이를 조절하고 활용하는 능력"이라고 정의했다. 이는 자기 인식, 자기 조절, 동기 부여, 타인의 감정에 대한 공감, 대인관계 등의 능력 등 5가지 요소를 포함하는데 감성지능은 사회적 관계 형성과 소통 능력 및 감정적인 지능을 강조하는 개념이다. 즉 감성지능이 높은 사람들은 자신의 감정을 인식하고 조절할 수 있으며, 다른 사람과의 긍정적 관계 형성을 위한 동기 부여를 잘할 수 있다. 또 다른 사람들의 감정을 이해하고 공감하는 능력, 갈등을 해결하고 협력하는 능력으로 대인관계 형성과 의사소통에 탁월한 성과를 얻는다고 했는데, 이러한 역량들은 고객을 코칭하는 기업의 직원에게 반드시 요구되는 필수 요소들이다.

고객 접점에서 직원의 우수한 감성역량은 고객 스스로 자신의 구매 욕구를 확인하고 원하는 제품을 선택해 가도록 돕는 과정을 통해 현명한 결정을 도울 뿐만 아니라, 결과적으로는 고객의 감정을 해치지 않고 기업이 원하는 것을 이끌어내는 데에도 도움이 된다. 고객에 대한 구매 코칭 과정에서 가장 기본이자 핵심이 되는 질문으로 고객의 마음을 얼마나 열고 움직여서 사로잡을 수 있는지는, 고객과의 감성적 교류가 얼마나 잘 이뤄졌는지에 따라 나타나는 결과라고도 할 수 있다. 고객이 성공적으로 구매 목적에 맞는 제품을 선택하고, 구매를 결정한 후, 실행하며 그것을 통해 행복해지는 과정을 만들어 가기를 원한다면 감성으로 코칭하며 고객과 협력해야 한다.

그러면 고객 코칭에서 주로 어떤 질문을 해야 효과적일까? 고객에게 코칭이 너무 전문적이거나 길고 복잡한 과정을 거쳐야 한다는 부담을 느끼거나 처음부터 어렵게 접근하지 않아도 된다. 고객이 기업을 가장 편안하게 받아들이고 생각할 수 있도록 돕는다는 자세를 가지고 가볍게 시작해 보자. 고객이 원하는 것은 무엇인지, 고객이 기존 제품에서 느끼는 불편함은 무엇인지, 즉 어떤 이유로 구매 의도가 생겼는지, 어떤 목적으로 제품을 사용하기를 원하는지에 대해 질문해 보자. 그리고 구매하고자 하는 제품에서 가장 필요한 핵심 사항은 무엇인지, 가장 우선적으로 추구하는 제품의 가치는 무엇인지 물어보는 것이 좋다. 또 가장 좋아하는 취향이나 가장 피하고 싶은 사항은 무엇인지, 왜 그렇게 생각하는지에 대해서도 하나씩 물어보고 찾아가면 효과적으로 코칭할 수 있다. 결과적으로 고객이 코칭을 통해 행복한 구매과정을 경험할 가능성이 매우 높아지며 이러한 고객의 행복이 기업의 행복, 즉 기업의 성공으로 이어지는 것은 당연한 이치다.

# 8

# 고객의 감정을 이끄는 공감과 설득의 대화 기법

: 고객의 마음을 사로잡는 '공감과 설득을 위한' 전략이나 방법을 찾아내고 실천해야 하며, 이는 기업의 여러 가지 경영 활동 중에서도 가장 핵심적 미션이다. 여기서 필자는 그렇게 고객의 마음을 사로잡는 방법으로 철학자 아리스토텔레스에 의한 설득의 세 가지 요소를 제안한다. 에토스(Ethos), 파토스(Pathos), 로고스(Logos)를 적용한 현장 마케팅이라면 성공 가능성이 높을 것이라고 확신한다.

'세상에서 가장 어려운 것은 사람이 사람의 마음을 얻는 것'이라고 한다. 동화 속에 나오는 이러한 대사가 아니더라도 자신의 뜻과 생각을 타인에게 전달해 그의 공감을 얻어 내고 설득한다는 것은 어렵다. 이는 누구나 수긍할 수 있는 사실이다. 그러나 기업의 입장에서 고객의 마음을 얻는다는 것이 아무리 어렵다고 하더라도 기업의 생존과 연결되는 중요한 문제이기 때문에 고객의 공감을 끌어내고 설득하려는 노력을 해야 하는 것은 당연하다.

그러나 현실적으로는 기업의 그러한 노력에도 불구하고 고객에게 공감을 얻어 내지 못하고, 설득에도 실패하는 경우가 더 많다. 그 결과 기업, 정확히 말하면 기업의 제품이나 서비스는 고객에게 선택받지 못한 채 시장에서 퇴출되기에 이른다. 그러므로 기업은 고객의 마음을 사로잡는 '공감과 설득을 위한' 전략이나 방법을 찾아내고 실천해야 하며, 이는 기업의 여러 가지 경영 활동 중에서도 가장 핵심적 미션이다. 특히 대부분의 창업 기업은 고객과의 소통 채널이 부족하고 그 전략도 부재하거나 미약하다. 또 소통의 기술이나 노하우도 축적되지 않은 상태이므로 절실하지만 어려운 것이 현실이다.

기업은 시장에서 고객창출을 위한 마케팅 전략을 수행하며 제품이나 서비스에 대한 정보를 제공하게 된다. 그러면서 고객의 판단이나 최종 결정이 기업이 원하는 방향으로 이뤄지길 바란다. 이를 위해서 기업은 고객으로부터 신뢰감을 얻어 내야 한다. 즉, 잠재고객이 기업이 제공한 제품이나 서비스에 대한 정보에 대해 얼마나 공감하고 기업이 목적한 방향으로 설득되느냐에 따라 기업의 진짜 고객이 되거나 또는 그렇지 않다는 것이다.

여기서 필자는 고객으로부터 공감과 설득을 이끌어내기 위한 하나의 방법으로 철학자 아리스토텔레스에 의한 설득의 세 가지 요소를 소개하고자 한다. 그것은 에토스(Ethos), 파토스(Pathos), 그리고 로고스(Logos)라는 개념인데, 이 세 가지 측면을 적용한 현장 마케팅이라면 고객의 마음을 사로잡는 데에 성공 가능성이 높을 것이라고 확신한다.

먼저 에토스(Ethos)는 '인격이나 권위'를 일컫는 개념이다. 호감과 신뢰감을 주는 이미지와 명성 등 말하는 사람의 인간적인 호감도가 설득의 과정에서 60%에 가까운 영향을 미친다고 한다. 상황에 맞는 이미지로 고객에게 다가가고 겸손과 배려의 자세로 언어적·비언어적 소통을 해가는 과정을 '에토스'라고 표현한다.

다음은 파토스(Pathos)로 '고객의 감정과 정서에 호소'하는 것이다. 특히 고객의 말에 시각과 청각적인 요소를 적극적으로 활용한 감성적 경청과 공감 능력은 고객 마음의 자물쇠를 쉽게 열 수 있는 좋은 열쇠가 될 수 있다. 편안하고 즐거운 감성적 소통 요소로써 고객의 심리적인 안정감을 형성할 수 있기 때문에 기업에 대한 방어적인 자세를 쉽게 제거하는 데 매우 효과적이다.

그리고 로고스(Logos)는 '고객의 이성적 사고를 만족'시키기 위해 반드시 필요한 요소로서, 판단을 위한 합리적인 근거를 제시해 주는 것이다. 이로써 고객 설득을 위한 논리성이 완성될 수 있다. 이 로고스 요소가 빠진다면 고객의 머릿속 한쪽에는 기업이나 제품에 대한 의문과 고민이 커질 수 있다. 여기에는 서론·본론·결론으로 구성하거나 인과관계, 스토리텔링, 체험 같은 사례를 객관적 근거로 제시해 주면 더 좋은 공감과 설득으로 이어질 것이다.

다음으로는 감성 스피치의 달인으로 불리며 공감과 설득을 위한 커뮤니케이션의 교보재로 활용될 만큼 유명한 '오바마 스피치'를 소개한다. 이는 5단계로 구성되는데 첫째, 고객의 관심을 끌고, 주제를 제시한다. 둘째, 전달하고자 하는 내용을 명확하게 제시한다. 셋째, 자신의 주장을 뒷받침하는 근거를 제시한다. 넷째, 예시를 통해 주장을 더욱 명확하게 이해시킨다. 다섯째, 자신의 주장을 다시 한 번 강조하고, 고객에게 행동을 촉구한다. 그리고 주의할 점은 고객의 생각에 동의한다는 메시지를 주며, 가능하면 주장은 간결하게 제안한다. 설사 부정적인 상황이 되더라도 긍정적 표현으로, 절망적인 위기가 오더라도 희망의 메시지를 전할 수 있어야 한다. 그럴 때 고객은 기업이나 제품에 대해 호감을 느끼게 되고 믿음이 생기며,

감정적으로 이끌리게 된다. 여기에 조금 더 감동적인 요소를 더한다면 자연스럽게 설득이 가능해진다.

그리고 고객의 입장에서 알아듣기 쉬운 말이나 표현을 사용하는 것은 기본이다. 이는 고객을 무시하지 않고 존중한다는 의미이다. 신뢰를 위해서 전문적 용어 등을 사용해야 한다면 고객이 이해할 수 있도록 반드시 다시 풀어서 설명해 줘야 한다. 고객이 이해할 수 없는 내용으로 구매 절차에 스트레스를 받지 않도록 하고, 불안해하지 않도록 안도감을 주는 환경을 조성하는 것 또한 공감을 불러오고 설득을 일으키기 위해 놓치지 말아야 할 요소다.

대화 중 말끝을 흐린다거나 말의 시작이나 중간에 불필요한 군더더기 소리는 대화에 방해가 될 수 있고, 같은 말을 중언하거나 부언하는 것도 삼가야 한다. 자신감 없는 목소리나 태도가 아닌 밝은 목소리와 자신감 있는 자세를 유지하고, 특히 고객과의 눈 마주침 등 시선 처리나 기본적인 소통 매너 등이 몸에 익숙해지도록 평소에 많은 훈련을 해야 한다. 대화 중 고객에게 드러나는 직원의 언어적·비언어적 모든 요소는 기업과 제품에 대한 브랜드 이미지로 연상될 수 있으며, 신뢰 형성에 많은 영향을 준다는 것은 기억하자.

그런데 자동응답기인 ARS콜센터나 온라인 고객 접점이 아니더라도 요즘에는 오프라인 고객 접점에서마저도 고객이 만나는 기업 담당자는 사람이 아닌 경우가 많다. 사람과 사람의 대면 접촉에서 오는 갈등과 스트레스 상황을 제거하거나, 인건비 절감, 그리고 디지털 기술의 발달에 따른 서비스 프로세스의 개선의 영향이다. 키오스크나 테이블오더 주문이 일상화되고, 다양한 무인주문시스템이나 무인판매가 계속 늘어나고 있다. 이러한 변화는 기업이나 고객에게 '득'이 되기도 하고, 동시에 '실'이 되기도 한다. 기업이나 고객에게 모두 편리함과 불편함이 동시에 있는 것이다. 그러나 기업은 이러한 편리성을 추구하면서 발생하는 고객과의 소통문제, 특히 공감과 설득에 부정적으로 작용하는 요소들을 파악해, 가능하면 다른 보완책을 강구해서라도 해소하려는 노력이 필요하다.

끝으로 고객의 마음을 열고 얻을 수 있는 감성소통 대화 기법을 몇 가지 알아보자. 고객의 마음속으로 들어가기 위해 그 어휘나 문장에 주의를 기울이고, 여기에 시각적·청각적 요소를 잘 가미해 표현한다면 고객의 감정을 성공적으로 끌어당길 수 있을 것이다.

첫째, 공감화법이다. 고객의 눈을 바라보고 그의 말을 집중해서 듣는 적극적인 경청 자세를 유지하며 적절한 고개 끄덕임과 함께 적당한 맞장구 표현이 필요하다. 긴말이 필요 없다.
"그러셨어요?"

"네, 그렇군요!"

"맞습니다. 저도 그렇게 생각합니다."

"잘하셨습니다. 저라도 그랬을 것입니다."

이처럼 간단하게 사용하면 된다. 긴말은 고객이 말하는 맥을 끊어 놓을 수도 있고, 자신의 주장이 강하게 나타날 수도 있기 때문에 삼가는 것이 좋다.

둘째, 칭찬화법이다. 긍정적인 요소를 강화해 목적을 달성하게 한다고 주장한 스키너라는 학자의 강화 요법을 적용한 것이다. 이는 한때 베스트셀러가 되었던 켄 블렌차드의 『칭찬은 고래도 춤추게 한다』라는 책에도 나오듯이 칭찬은 상대방을 더 긍정적으로 이끌 수 있다. 고객을 인정해 주면, 고객은 좋은 결과를 만들어가기 위해 바람직한 방향을 찾아 말하고 행동하게 된다. 때로는 잘못된 것을 고치거나 바로잡는 일마저도 스스로 하게 되는 경우도 많다.

"참 잘했어요!"

"대단하십니다."

"멋지신데요?"

"정말 보기 좋습니다."

등처럼 마음에서 우러나오는 칭찬을 해보자. 칭찬할 내용에 대해 좀 더 구체적으로 언급한다면 효과 만점이다.

셋째, 신뢰화법이다. 고객이 무엇인가를 물어볼 때나 도움을 요청할 때, 믿음을 줄 수 있는 한마디로 이미 고객 마음의 절반은 얻은 것이라고 해도 과언이 아니다. 더구나 불안한 상황이나 예측할 수 없는 결과에 대해 의심하는 경우라면 책임감을 가지고 든든하게 대해 주는 사람을 신뢰하고 모든 것을 맡길 수도 있다.

"네, 제가 해드리겠습니다."
"네, 제가 알아보겠습니다."
"네, 제가 책임지고 처리하겠습니다."

불안감을 한순간에 씻겨주는 시원스러운 표현이다. 이렇게 똑 부러지는 목소리로 자신감 있게 대답한다면 상대방은 미안함과 걱정했던 것에서 벗어나 이미 감사할 준비가 되어있을 것이다.

넷째, 쿠션화법이다. 고객의 제안을 수용하기 어려울 때, 거절의 말이 필요할 때가 있다. 그렇다고 단호하게 "안 된다", "아니다"라고 말한다면 고객과의 관계가 손상되어 회복하기는 어려울 수 있다. 또 이와는 정반대인 경우가 있다. 고객의 감정을 불편하게 하지 않고 기분 좋게 협조를 얻을 수 있다면 좋겠다. 그러기 위해서는 부드러운 쿠션의 말로 시작하자.

"미안하지만,"
"죄송하지만,"

"안타깝지만,"

"실례지만,"

"어려우시겠지만,"

"번거로우시겠지만,"

"바쁘시겠지만,"

"불편하시겠지만,"

"힘드시겠지만,"

이런 말을 듣게 되는 순간 불편함을 참아낼 용기와 어려움을 감수하고 협조해 줄 수 있는 동력이 만들어져 수월하게 풀릴 수 있다.

다섯째, 레이어드화법이다. 레이어드란 패션에서 여러 겹을 층층이 겹쳐 입는 것으로, 대화에서도 여러 층으로 말하는 방법이다. 고객에게 무엇을 요구하거나 행동으로 옮겨주기를 바랄 때, 특히 양해를 구하거나 어려운 내용일수록 더 큰 효과를 발휘한다. 반발심이 들거나 거부감을 일으키는 명령 어조나 지시어를 사용하는 대신, 배려의 의미로 의뢰형이나 질문형으로 말함으로써 존중받는 느낌을 주게 된다. 즉

"기다리세요!" 대신 "기다려 주시겠어요?"

"말씀하세요." 대신 "말씀해 주시겠습니까?"

"가져오세요."보다는 "가지고 와 주시겠어요?"

등으로 권유하고 청유하는 화법이다. 고객은 적극적이고 능동적인 태도의 변화가 생기게 될 것이다.

여섯째, 아론슨화법이다. 심리학자 아론슨이 주장한 대화법으로, 부정과 긍정의 내용을 혼합해야 하는 경우 '선 부정, 후 긍정'으로 말하라고 한다. 특히 고객이 주장하거나 요구하는 사항에 대해 먼저 인정할 것은 빨리 인정하고, 그다음에 주요 내용을 긍정적으로 전달하면 상대방도 저항감 없이 받아들인다.

"네, 가격은 좀 비싼 편이지만, 성능이 아주 우수합니다."

"그렇죠. 대기시간이 좀 많이 걸립니다만, 보다 편안한 서비스를 제공해 드리겠습니다."

"네, 그렇습니다. 말씀하신 대로 기한이 늘어납니다만, 품질이 우수한 제품을 만들어 드리겠습니다."

등은 고객을 설득하기에 좋은 화법이다.

'표현하지 않으면 아무도 모른다.'

그리고 그 표현은 고객의 흥미를 유발하고 관심에 반응하며 요구사항에 적극적으로 부응해야 한다. 고객의 마음을 움직이는 마법 같은 감성화법으로 공감을 얻고, 설득을 향해 고객의 감정을 이끌어내자.

[ 에필로그 ]

## 고객은 행복하고
## 기업은 성장하고

오늘도 새로운 기업이 태어나고, 또 어떤 기업은 문을 닫는다. 창업은 이제 제도적으로 매우 쉬워졌지만, 창업한 이후로는 최소한의 생존조차 어려운 환경이다. 그러니 지속적인 성장은 그야말로 "하늘의 별 따기"처럼 힘들다. 제품의 판로개척은 낙타가 바늘구멍을 통과하는 것과 같고, 가까스로 시장에 진출해도 늘 외줄타기처럼 위험이 도사리고 있다. 거센 비바람과 눈보라 때로는 극심한 가뭄 같은 경영 환경 속에서 가까스로 버티고 있는 것이 기업경영의 현실이다.

규모의 경제를 이루며 탄탄했던 대기업이나 세계 시장을 겨냥했던 글로벌 수출기업들도 급변하는 산업 트렌드와 시장 환경 속에서 당장 발등의 불을 꺼야 하는 심각한 리스크 대응에 총력을 기울이다 보면 중장기 경영 전략을 수립하기가 혼란스럽다. 미국과 중국, EU 국가를 중심으로 세계 경제와 국제무역의 축이 형성된 가운데 극단적 자국 보호주의 정책 강화로 인한 통상 압박과 감당하기 어려울 만큼의 관세 인상 및 투자 환경 변화는 가장 큰 거시적 위협요인으로 작용한다.

브레이크 없는 인플레이션 현상, 인간의 상상을 뛰어넘는 속도로 발전하고 있는 AI 기술의 산업 전반적 침투, 급격한 기후변화로 인한 폭우·폭설·가뭄·홍수·산불 등의 자연재해, 팬데믹 질병, 전쟁 등 세계적인 재난 상황은 제품의 수명주기 단축은 물론 기술성, 시장성, 수익성에 대한 예측 전망을 뿌리째 뒤흔들고 있다.

여기에 국내적으로는 정치적 불확실성과 사회적 이슈들이 저성장 경제와 경기 불황을 가중시키며 경영 환경이 더 힘들어졌다. 특히 우리나라의 인구문제는 내수시장에도 커다란 변수가 되었다. 급격한 인구 감소로 소비 인구가 계속 줄어들고, 인구 구성도 달라져 시장 규모와 특징이 기존과는 상당히 다른 양상으로 변동하고 있다. 소비문화와 구매패턴을 완전히 새롭게 형성하며 시장 트렌드를 빠르게 변화시킨 것이다.

더구나 인터넷과 디지털 기술의 발달에 따른 라이프스타일의 변화, 가치 추구의 다양성, 역동적인 소통 채널의 홍수 속에서 고객의 소비 트렌드가 기업의 제품개발 및 마케팅 전략을 앞지르고 있다. 기업의 제품이나 서비스가 시장 트렌드를 만들고 있다기보다는 시장의 트렌드를 기업이 따라가는 형국이다. 그러다 보니 제품을 기획하고 개발해 생산·판매하려고 해도 시장에서 경쟁력을 갖기 어려워 아예 판로개척이 불가하거나 겨우 시장진출에 성공해도 매출 증대를 기대하기 힘든 경우가 대부분이다.

그러므로 성공 창업을 위해서는 제품 기획과 비즈니스모델 개발부터 이러한 시장 환경을 분석하고, 경쟁력 확보를 위한 마케팅을 더 철저히 해야 한다. 시장, 즉 타깃고객에게 명확하게 포지셔닝 하기 위해 어떤 차별화된 가치를 제공할 것인지, 경쟁 제품보다 얼마나 혁신적인 제품과 서비스로 고객을 만족시킬 것인지, 시장 경쟁력을 유지하기 위해 어떤 방어 전략이 있는지 등을 핵심적인 마케팅 전략으로 우선시해야 한다. 그리고 고객에게 어떻게 다가가서 어떻게 소통할 것인가? 즉 고객에게 무엇을 인식시키고, 무엇으로 마음을 열 것인가? 고객이 제품을 긍정적으로 인지하고, 구매 결정을 내릴 수 있게 고객의 감정을 어떻게 변화시킬 것인가? 기업은 고객이 행복한 감정을 생성하도록 돕기 위해 온 힘을 기울이는 마케팅을 실행해 가야 한다.

고객의 행복은 기업의 성장을 이끄는 견인차다. 잠재고객이 기업의 어떤 요인으로 인해 행복한 감정을 느끼게 되면 실제 고객이 될 가능성이 높고, 긍정적인 평가와 추천으로 신규 고객창출에 기여하게 된다. 고객의 행복을 우선시하는 기업은 지속적으로 제품과 서비스를 혁신해 가는 고객만족 전략으로써 신뢰 관계를 유지해 결과적으로 매출 증대에 기여한다. 즉 고객의 행복은 성공적인 창업과 지속적인 기업 경영에 직결되는 요소이다. 그러므로 기업은 고객의 행복한 감정을 위해 효과적으로 마케팅을 해야 한다.

이렇게 볼 때 감성마케팅은 기업이 고객의 감정과 감성으로 소통하려는 노력이다. 기업은 고객의 니즈에 맞도록 제품과 연관된 다양한 요소들을 통해 긍정적인 감성 자극을 줄 수 있도록 해야 한다. 특히 고객과의 소통은 고객의 감정에 대한 공감과 이해를 통한 진솔한 대화, 고객 개개인의 취향과 선호도에 따른 고객 맞춤형 제품으로 개인화 서비스가 효율적이다. 거기에 더해 고객에게 감동을 주는 감성적 콘텐츠를 활용하면 더 효과적이다. 그리고 고객의 피드백이나 불만 제기에 대해서는 감사와 함께 적극적 개선 조치를 취함으로써 기업에 대한 신뢰도와 고객 충성도를 강화하는 것이 감성마케팅에서 빼놓을 수 없이 중요한 전략이다.

이처럼 기업은 무엇보다도 고객 감성을 소중히 여겨야 한다. 제품의 기술과 성능이 아무리 우수하더라도 고객에게 전달되는 과정이나 방식에서 고객의 감정을 행복하게 할 수 없다면 실패한 마케팅이다. 고객의 행복한 감정은 기업의 매출 증대를 이끄는 견인차다.

지금 이 시대와 우리 사회는 그 어느 때보다 사람들이 겪는 스트레스와 불안, 슬픔 등 감정에서 겪는 부정적 경험이 많고, 여러 가지 사건 사고들을 겪어가면서 집단적으로 정서적 트라우마를 안고 있다. 그러한 부정적 감정은 마치 공기로 가득 부풀어 곧 터질 듯한 풍선처럼 위험한 단계로 어느 시점, 어느 장소, 어느 상황, 어느 자극에서 언제 어떻게 터질지 예측할 수도 없다. 그러다가 생각지도 못한 엉뚱한 상황에서 뜻밖의 형태로 표출되기도 한다.

이는 고객 중심 마케팅에서 상당히 중요하게 다뤄져야 한다. 기업 관점으로 보면 고객이 이해되지 않을 때가 많다. 왜 그렇게 선택하고, 왜 그렇게 소비하며, 왜 그렇게 경험하기를 원하는지, 기존의 시각으로 보면 분석이 어려울 수 있다. 왜 그렇게 좋아하는지, 왜 그토록 싫어하는지, 왜 그렇게 분노하는지 그 이유가 명확하지 않을 수도 있다. 가장 합리적이고 이성적이라고 생각했던 사람들에게서도 빈번히 발생하고, 굳이 상황을 이해시키거나 일일이 그 이유를 설명할 수도 없다.

그런데 이러한 현상은 이성적 판단보다는 대부분 각기 다른 고객의 감성 취향으로 나타나는 감정의 영역인 경우가 많다. 자신도 모르게 이끌리거나 또는 거부하거나, 특별한 이유 없이 좋거나 혹은

싫거나. 다른 고객에겐 의미 없고 가치도 없지만 어떤 고객은 특별한 의미와 가치를 부여하는 경우도 많다. 사람마다 다른 감성 취향으로 다른 감정을 느끼는 것이다.

그렇기에 창업에 성공하고 탄탄한 기업으로 성장하고 싶다면 고객의 감정을 달래고 어루만져야 한다. 고객과 다양한 방법으로 감성소통하면서 고객의 마음을 얻기 위해 최선의 노력을 다하자. 고객이 원하는 것이 무엇이고, 무엇을 필요로 하며 무엇에 만족해하고 무엇에 감동하는지 잘 읽어야 한다. 그야말로 '고객 취향 저격 마케팅'으로 '고객 맞춤형 감성 마케팅'을 해야 할 때다.

고객의 눈으로, 고객의 마음으로, 고객의 입장으로 돌아가 기업과 제품을 바라보면 답이 쉽게 보인다. 그렇게 당신의 고객을 웃게 한다면, 당신도 비로소 웃게 될 것이다. 고객이 행복해야 기업이 성장한다.